変わった本屋の元大番頭かく語りき

なぜ人はジュンク堂書店に集まるのか

渡辺　満

自由国民社

はじめに

「本を書いてみませんか?」と、自由国民社の横井秀明社長から突然言われたのは、私が二十五年間つとめたジュンク堂を定年で退社した直後のことでした。横井社長は私に「お疲れさまでした。長い間ありがとうございました」と言うために、わざわざ東京から神戸まで足を運んでくださっていたのです。

「ご冗談を」と、そばにいた家内と笑いあっていたのですが、横井社長はその場で携帯電話で東京の編集部の方と何やら話し込み「整理は○○にやらせよう」などという声も聞こえます。どうやら本気なのかも……。

自分の能力は私自身がいちばんよく理解しているつもりです。それでも躊躇する気持ちを抑えて、身のほど知らずにもあえて挑戦してみようと決意したのは、私が二十五年間にわたってジュンク堂に係わり、そこで経験してきたことを私なりに整理し、そしてジュンク堂の在り方を、ジュンク堂のコンセプトを、今の若いジュンク堂の社員に伝えていきたい、と思ったからです。また、出版不況と言われて久しい、この苦難の時期にがんばっている書店のみなさんに、何かの参考にでもなれば、という思いもありました。

こうして机に向かい始めたのですが、当初はやはり筆が進まず苦労しました。ところがようやくペースをつかみ始めると、元来、お調子ものの私ゆえ、だんだんと欲が出てきました。この際だから、取次や出版社など業界関係の方々にお願いしたいことを書いてみよう、書店の裏方の仕事も知ってもらおう、さらに、業界紙や新聞等のインタビューにはたまに登場するものの、あまり自分自身のことは語らない工藤社長の、私が見たありのままの素顔も書いてみよう――。

本人には――特にほめている部分について――「嫌だなあ」と思われるかもしれませんが、二十五年間、見てきたこと、感じてきたことを、あえて苦言を呈した部分も含めて素直に書かせていただきました。

本書が書店をはじめとした出版業界の方々にとって、ほんの少しでも何かのお役にたってくれれば、これほど嬉しいことはありません。

定年後はこの原稿を書く合間に、ワールドカップの神戸での試合のボランティアに出掛けるなど、それまで出来なかったことを存分にやって、充実した毎日を送っています。それもきっとこの原稿を書くことで、自分自身のなかでジュンク堂での二十五年間を見つめなおし、整理することができたからだと思います。こうした機会を与えて下さった自由国民社の横井秀明社長、大越正実編集長に心からお礼を申し上げます。

永い間、私を引っ張りあげ、またうしろから後押しして下さった工藤恭孝社長とジュンク堂のみなさん、そして各出版社の営業担当のみなさん、取次の大阪屋のみなさん、お世話になりました。ありがとうございます。心からの感謝の気持ちを込めて、この本を贈らせていただきます。

さらば愛しきジュンク堂！

平成十四年六月

渡辺　満

人はなぜジュンク堂書店に集まるのか

変わった本屋の元大番頭 かく語りき

◉目次

第3章／採用
――書店の最大の財産は書店員――

第4章／売る書店、売れない書店

第5章／返品、このやっかいなもの

第6章／神戸児童殺傷事件と『フォーカス』

第7章／万引きとの戦い

第10章／震災復興
――巨大な逆境をチャンスに――

第13章／工藤恭孝社長のパワーの源

第1章
ジュンク堂とは何か
――ジュンク堂のコンセプト――

■何よりも〝専門書の充実〟を目指して

ジュンク堂は現在、出店攻勢を続け、業務を拡大し続けていますが、時々、一体どういうコンセプトを持って事業展開しているのかということを、聞かれることがあります。私は、社員としてずっと内側にいましたので、そうしたことにはあまり気にも止めずにいましたが、なるほどそれもそうだなと思い、本書を書くにあたってちょっと振り返ってみることにしました。

ジュンク堂の基本理念は何よりも「専門書の品揃えの充実」であり、それは一号店が立ち上がる段階から、センター街のお店の皆さんや、お客さま、もっと大きく言えば、神戸市民の皆さんの必要性と一致していました。

ジュンク堂が兵庫県の県庁所在地・神戸最大の繁華街である三宮のセンター街に出店したのは、今から二十六年前の一九七六年十二月二十四日のことでした。当時のセンター街周辺の書店は、一〇〇坪前後の中型店が五店ほど、昔から教科書を売ったり外商に力を入れている店、わずかに洋書中心の店、港町神戸の土地柄から海事関係を中心にした専門書を置いている店、市役所が近くにある関係で、人文、建築関係を中心とした専門書を置いている店などがある程度でした。

専門書のボリュームを増やすには、かなりのスペースが必要になりますし、年間に売れる頻度が非常に少ないので採算に合わないし、掛け率も高く、利益も少なく割りに合わないことから、ぶ厚い専門書をおいて売ることは敬遠されがちでした。わずかにソフトカバーのビジネス書と、毎日の現金収入が確実に見込める、雑誌、文庫、新書、実用書、一般書等が各店に共通した品揃えの中心で、何年も前からお互いの領域を侵さないようにして、平穏に営業を続けていました。

一方、神戸の読者はといいますと、専門書がなかなか手に入らない、というより、置いていないので、手に取って見ることすらできない状態で、当時の神戸の書店事情に対してはほとんどあきらめの気持ちを抱いていました。やむなく本好きの読者は、わざわざ電車代を使って、大阪梅田の紀伊国屋書店や旭屋書店へと出掛けていって、それこそ買い出しのように七冊、八冊と、たくさんの専門書を抱えて神戸へと帰ってきていたのです。

そんな頃、三宮センター街の通りに面して商売をしている店主八人が、神戸の防災再開発計画構想に乗じて、八階建てのビルを建てようという話が持ち上がり、ついでに地下にお客さんがたくさん来てくれて、そして自分たちの商売も潤うような業種のテナントに入店してもらおうと検討していました。

その時、ひとりの店主が、ドイツ語の翻訳の本が好きで神戸の書店をあちこち捜し回るが結局ないので、仕方がないのでいつも大阪へ行って、紀伊国屋書店等で買い求めていて、とても困っているんだ、という状況を話しました。

そして、神戸の人たちも自分と同じように、専門書が手に入らないで困っていると思われるので、専門書を扱う大型書店を誘致したらどうかと提案したところ、書店は集客力もあるのでいいじゃあないか、ということになり、八名全員の一致で、専門書を扱う大型書店の誘致が決定しました。

早速、不動産屋を通じて、東京、大阪に本社のある書店に声をかけ、何社か現場を見に来ましたが、いずれも導入口が狭いことを難点に断ってきました。商店主が少しずつ間口を削って、地下への導入部分を拠出したのですが、三四〇坪の売場面積に対して、やっとひとりが乗り降りできるエスカレーターのスペースをつくるのが精一杯だったのです。

ところが、常日頃から小売りをやってみたいと考えていた工藤社長は、学生の頃、自分自身も専門書が神戸で手に入らずに困っていた経験があって、この話を地権者の一人である銀行の方から聞かされた時に、手を挙げたのです。

工藤社長の父親であるブックローンの社長も、取次のキクヤ図書販売、ブックローン出版、月販会社のブックローンと、次々と創業してきており、残る小売りを手掛ければ出版から小売まで、一貫しての制覇が実現することになります。ところが、当時は病気がちだったこともあって、この話にはあまり積極的ではなかったのですが、工藤社長の熱意に押されてこれを了承します。

■素人集団、開店に向けて走る！

社長は早速、それまで仕事をしていたキクヤ図書を退き、準備にとりかかりました。自分と共にやってくれる気心の知れた同世代の友人に、書店経営に賭ける夢を話して声をかけ、ブックローンから三名を引き取りました。私の場合は、工藤社長とはお互いに知らない者同士で、そんな夢も聞かないまま、まったく別の人からの話で、工藤社長の了解も得てブックローンから転籍の形で参加することになりました。

その後さらに二名が加わり、社長を含めて七人のスタッフでジュンク堂の準備がスタートを切ったのです。

以上のような経緯ですから、一号店の三宮センター街店は、専門書の専門店として、立ち上がる時から、商店街のお店の皆さんや神戸市民の皆さんから、言わば待ち望まれてスタートした、とも言えます。

この七人のスタッフのなかで、唯一書店の経験のあるのは、雑誌を中心にした実家の本屋で店番をさせられていた社長くらいのもので、あとの六人はまったくの素人でした。オープン前の準備段階では、各ジャンルのボリュームや、配列状況、その他まったくわからないので、何度も紀伊国屋書店や旭屋書店へ足を運んで、こっそりと手計測をしたりして、雲の上の存在の大書店を教材にして、ああでもないこうでもないと、わからない者同士で物事を決めていきました。

しかし、一冊一冊、実際にどんな本を置いていけばいいのか、重要な品揃えについては取次の大阪屋に委ねました。

私は二か月間東京で書店の研修を受けましたが、ほんの少しかじった程度の知識を他のスタッフに話し、新たに採用した社員やアルバイトの指導をするわけですから、私もそして私から研修を受けた者も含めて全員五里霧中でしたが、とにかく七六年のクリスマス・イブの日に開店にこぎつけました。

■とにかく〝できること〟から実行する

いわばぶっつけ本番のオープンですから四十万冊がぎっしりと本棚に詰まっていても、どこに何があるのか、右も左も、上も下もさっぱりわからないので、応援に来てくれている大阪屋の営業担当者に、拝むようにしてお客さまの問い合わせの対応をお願いしました。笑い話のようですが、お客さまから「カッパはどこですか？」と聞かれたアルバイトの女子大生が、光文社新書を「カッパ」と呼んでいることを知らなくて、とっさに「うちは雨合羽はおいてませんが……」と答えたりするほどの、恥ずかしいレベルでした。

がしかし、品揃えも商品知識も、すぐに改善できるものでもなく、日々学びながら軌道修正していくしか方法はないと思い、今すぐ努力すればできる接客を重点に心掛けて、いつも笑顔で、大きな声で「いらっしゃいませ！」「ありがとうございました」と、一人のお客さまに何人もが一斉に声をかけるように心掛けました。

大型店の特徴を出さなければいけないとばかりに、岩波書店、みすず書房、未来社の本を一か所に集めてみたり、美術豪華本やリンガフォン・コーナー等を置くことを試みてもみました。

一方、社長は、あいかわらず入口近くで立ち読みを続けながら、客層や年齢層や店内のお客さまの流れを観察し、合間にいろいろな人と会っては、さまざまなアドバイスをもらっていたようです。あのニコニコした笑顔で頭を下げられると、その素人っぽさとひたむきさにたまらなくなって、周囲の人はなんとか盛り立ててあげようと、応援してくれたのではないかと思います。

相手から学ぼうとする謙虚な社長の姿勢は、現在も基本的には変わっていませんが、本屋を一種のステータス・シンボル化して、尊大に振る舞う他の多くの書店経営者と比べて、このあたりに本質的な資質の違いを感じます。

■至近距離の2号店が思わぬ効果を

専門書の品揃えを本格的に勉強し、そして修得することができたのは、センター街の店がオープンした六年後に開店したサンパル店によってと言ってもいいかもしれません。

サンパル店は、一九八二年、神戸市がJR三宮駅東側に再開発した、サンパルビルの三階部分で、売場面積は約三〇〇坪。フラワー通りという幹線道路が北から港の方面へ向かって走り、神戸で最も人通りの多い西側のセンター街に比べて東側は、その車道で完全に分断されていて、人の流れらしきものはまったくありませんでしたので、いくら書店に集客力があるといっても、これではとても採算がとれないと見られていた立地でした。

さらに基礎工事でこのあたりの土を掘り起こしたところ、突然遺跡が発見され、建設工事が大幅に遅れてしまうくらい、市の再開発で取り残されている所でした。

至近距離にもう一店舗を構えたのは、他の書店が三宮へ進出するのをあきらめさせる意図もありましたが、地元では「無謀」とささやかれ、同業者からは「店を閉めるのも時間の問題」と冷やかに言われたりもしました。

店内はまるで図書館のようで、ハシゴを使って登らないと取れないくらいの高さまで本がギッシリと詰まっている光景は、本好きの読者にとってはたまらない空間でした。しかし、オープン当初は店内にいるお客さまの数より従業員のほうが多かったり、万引きのプロが出没したりで閑散とした状態が続きました。

ところが、特に土日や祝日ともなればお客さまであふれかえる三宮センター街店に比べ、静かで、ほのかにコーヒーの香りが漂うなか、たくさんの本に囲まれてゆっくり目的の本を探せるサンパル店は、少しずつですが学校関係者、外商関係者、そして本が大好きな方々等、目的買いのお客さまの来店が増えていきました。

一方社員も、時間があるときにじっくりと専門書の品揃えに力をそそぐことができましたし、また専門書の出版社も、よく売れる三宮センター街の店に販売促進に立ち寄ったら、センター街店にも置いていない「超専門書」がずらりと並ぶサンパル店にも必ず足を運んでくれて、品揃えのアドバイスをくれたり、新刊案内や業界の情報等をじっくり教えてくれました。

三宮センター街の店では、忙しくてとてもそんな時間はとれませんでしたので、サンパル店は、こうして社員のそれこそＯＪＴ教育の場となり、六年後に出店する京都店以降、そのサンパル店で学んだ社員が活躍し、「専門書のジュンク堂」を担っていくことになるわけです。

■コンセプトの実現を象徴した出来事

ところでこのサンパル店のオープン前の準備作業中に、〝専門書のジュンク堂〟を、あるいは工藤社長の理念を象徴するできごとがありました。

既に新聞等でオープン日を告知していたのですが、それも目前に迫り、棚入れの作業を終えることができるかどうか、ぎりぎりの状態でした。私としては、とにかくオープンに間に合わせることを最優先しようと思い、三宮センター街店の人間を、営業中にもなんとかやりくりして応援に出すことにしました。商品知識もあり、棚入れ作業の効率もよく、大きな戦力となる数名をサンパル店に行くよう指示したのです。

ところが応援部隊が現場に到着して作業を開始してから三十分ほどすると、工藤社長から私に応援部隊を帰すようにと電話連絡が入ったのです。

「それでは開店日までに間に合いそうもないのですが……」

という私に、社長は、

「交通整理をするベテラン一名だけいれば充分で、体を動かす応援部隊は経験の浅い人でもいい」

と言い、さらにこう続けたのです。

「三宮センター街店の棚担当が、そのままサンパル店の棚をつくったら、至近距離に同じような店が並ぶことになってしまうでしょう?」

こうして社長の抱いているサンパル店のイメージを追及しながら、連日深夜まで作業を続けてサンパル店はオープンにこぎつけました。そして、社長が追及した〝差別化〟はふたつの店がお互いに補完しあい、また高めあうという形で見事に結実するのです。

■ジュンク堂の理念の完成

三宮店でもようやく忙しさにも慣れ、徐々に専門書の品揃えに本格的に力を注いでいくようになり、ジャンルごとに担当者が連絡を取り合って、品揃えに対する向上心が高まってきました。

三宮店とサンパル店が競合しないように、三宮の店で収容することができない「超専門書」、たとえば人文関係のシリーズものや、豪華本等はサンパル店に置きました。三宮にない本はサンパルに問い合わせ、サンパルにないベストセラーは三宮に問い合わせて、毎日の社内便で取り寄せ、お客さまから「わあ、ありがとう！」と、二店舗を合わせた品揃えに、熱い感激の言葉もいただくようになっていきました。

こうして、徒歩七～八分程度の位置にある二店舗は、同じ経営者だからこそ成せる至近距離にある立地条件を生かして、どちらの店に行っても目的の専門書を手に入れることができる品揃えをアピールしていったのです。

三宮センター街店のオープン以降、どちらかというと「よその店で探しても無かったので最後の砦として三宮店に来た」というお客さまだったのが、サンパル店出店後しばらくたってからは、「よその本屋で探すより、とにかくジュンク堂へ行けばいい。ここに無かったらあきらめる」というお客さまが増え、ジュンク堂の利用の仕方が確実に変化していくのがわかりました。

バブルの頃、重厚長大・軽薄短小という言葉がよく聞かれましたが、他の書店は、回転が速く一定の売り上げの見込める軽薄短小の本のスペースを広げていく一方、重厚長大型の専門書はジュンク堂と競合するのを避けて、少しずつ棚から外していきました。

当時は、健康酢やバイオのトマト栽培などの健康食・自然食の本や、エンターテイメント・ビデオやタレントの写真集など、書店を訪れたお客さまの衝動買いを狙った業者が、書店に話を持ち込み、またそれらは実際良く売れました。

一方ジュンク堂は、たとえそれらがよく売れるとわかっていても、専門書の品揃えの充実には徹底的にこだわり、本つまり紙の印刷物以外の商品や、ジュンク堂のコンセプトに沿わない本は迷わず棚から外していったのです。

「宮沢りえの写真集は切らしても、岩波書店の『広辞苑第二版』や児童書のスタンダードであるM・エンデの『モモ』などはどんなことがあっても切らしていけない」と、担当者に何度も言ったものです。

■各種のサービスで顧客を掴み、同時に情報を得る

専門書の出版社は小規模経営が多いので、人文会、歴史懇話会、工学書協会など、専門書の拡販を目的とする会をつくっていますが、そうした団体は研修として次々とジュンク堂を訪問し、その際は、専門書の充実を経営方針として頑張っている工藤社長に対して、全面的な協力体制を取ると、エールを送っていきました。

また、他の書店とできるだけ差別化を図るため、いつもたくさん本を買っていただく本好きのお客さまには、代金銀行引き落としの「ジュンクカード」を発行し、近刊PR誌『書標』を毎月発行してカード会員に無料で郵送したり、あるいは採算をほとんど度外視した「ジュンク・メール」のサービスを始めるなど、お客さまへのサービスを次々と軌道に乗せていきました。とくに本の宅配をする「ジュンク・メール」は、専門書が欲しくても手に入らない地方都市のお客さまには歓迎され、兵庫県北部や和歌山、岡山、広島、四国方面へ専門書を発送することになりました。

大型店が存在しない地方都市で、書店同士お互いの領域を侵さないよう暗黙の了解状態で営業を続けているようなところのお客さまからの声は、ジュンク堂の次の出店のための貴重なデータともなり、新規出店のリスクを軽減し、実際、出店後はたちまちその地域になくてはならない書店として成長していったのです。

ジュンク堂の店内（三宮駅前店）。本好きにはたまらない空間だ

社長は、棚に並び、その存在と内容を主張する本のために内装に気を配り、棚もお客さまが見やすい、面陳してもずれて落ちない工夫を凝らし、素材もそうした本にふさわしい、重厚でなおかつあたたかさを感じさせるナラの木を使いました。カウンターも大きく幅を広くとり、さらに通常より高く仕上げました。それも販売している本にふさわしい格調の高さを出すためです。

二〇〇一年の秋に大阪駅前に大きなカメラ店が開店しましたが、棚の素材が木なので、同じカメラがより一層高級に見えると評判になったのですが、それも同じ理由でしょう。自分たちが販売するものに対する愛情と自信がそうした内装に、ひいては販売方法になり、お客さまに歓迎されるのです。

■椅子の設置はコンセプトからの当然の帰結

そうした姿勢は難波店の出店からさらに徹底されていきます。難波店では店内にさらに重厚な椅子とテーブルを配備し、本に親しむ空間を演出したのです。サンパル店での実験に加え、海外の書店を研究した成果でもあるのですが、すべて特注品であるそれら備品にかかる費用は並大抵なものではありませんでした。

最近、他の書店でも「〝立ち読み〟せずに椅子とテーブルをご利用ください」と言っているところもあるようですが、ジュンク堂の場合はコンセプトからの必然的な結果としての椅子とテーブルの設置ですから、ものが違います。

つまり、専門書はおおむね厚くて重いのです。手に持って立ち読みするのはとても疲れる。だからこそ「どうぞ座ってゆっくりご覧になってください」なのです。そのためにはしっかりした、くつろげる椅子とテーブルでなくてはならないのです。

かつて三宮センター街店で、コミック売場が立ち読みのお客さまであふれかえり、通路を歩けないくらいごったがえし、おまけにそうした場所を狙った痴漢が出没する事態になったことがありました。いくらなんでもこれでは……と、コミックを透明のビニールで包むことを提案したことがありました。これは多くの書店が採用している方法です。

ところが、その提案に対する社長の答えは「NO!」でした。「私もコミックを立ち読みをするが、そんなささやかな楽しみである立ち読みの文化を奪ってまで儲けるようなことはしたくない」というのです。

近辺の書店のほとんどはコミックには帯をして立ち読みできないようにしていましたので、お客さまはジュンク堂で立ち読みして、面白かったら他の書店でビニールに包まれた美品を買う、という構図が出来上がっていました。結局、シリーズものに限っては帯を巻くことになりましたが、社長は、なによりもお客さまに楽しんでいただけることを、まずはお店に来ていただくことを優先したのです。

ブック・カバーについても社長は「本は値引きができないので、せめてカバーはすぐ破れないような、上質のしっかりした用紙をつかって、洗練されたデザインにしよう」との考えを実行しました。電車の中でジュンク堂のブック・カバーの本を読んでいる人を見て「あの人、知的ね、ジュンク堂で本を買ってるんだ」と、思われるような、そんなグレードの高い書店にしたい、そんな人たちに来ていただきたい、という思いからです。出版社が宣伝のためにつくって配付したブック・カバーをつかえば確かに経費は節減できますが、ジュンク堂は一切それを使わず、ブック・カバーこそジュンク堂という書店のポリシーを伝えるものだ、という考えを徹底したのです。

こうして棚揃えから内装、商品の管理からブック・カバーにいたるまで「ジュンク堂とは何か」ということを徹底していけば、自ずと社員の意識も高まります。「ジュンク堂って入れものは立派だけど、中に居る人はちょっとね……」とは言われたくないですから。

■全国展開を支えた新システムの導入

サンパル店を開店した六年後に、競争相手がひしめく京都に、多層階で四五〇坪の店を開店しましたが、それまでの十二年間に積み重ねてきた専門書店のノウハウが、すぐにその店で発揮されました。

そして三宮近辺に小型店を出店して地元の足場を固めると、一九九四年には三八〇坪の大型店を明石に出店。このころにはすでに様々なシステムの開発とその導入を済ませ、従来の書店経営よりはるかに人件費を削減できることに確信を得ていましたので、ジュンク堂の全国展開をスタートさせる機を伺っている状態でした。

アルバイトでも届いた本を適切な棚に入れることができるように、入荷した注文品に棚番号の付いたシールをはさみこみ、書店員のほとんどが時間をとられてしまう棚の在庫調査をしないでも済ませられる自動発注のシステムを開発し、新規店への経験豊富な人材の派遣を必要最低限に済ませられるようにもなっていました。

そして、新規出店後六か月程が経過したころ、つまり立ち上げの繁忙期が過ぎれば、次の新規店に行くメンバー選びに入り、準備の移動を開始します。新規店へと移動になった熟練メンバーの人的補填は、基本的にアルバイトです。そのころにはアルバイトでも可能なシステムがつくりあげられているからです。

新規店の品揃えの選書は、近辺にいる店の社員が日常業務の合間に、出店地域の地域性を加味しながら平然と注文書をつくり、それが集結したところで細部の調整を行い、取次に「よろしくお願いします」という作業を繰り返していきます。

新規店の品揃えとは、言わばジュンク堂のコンセプトとそれまでの成果を集約したものです。オープンの日を待っていてくださったお客さまを「あっ！」と驚かせ、そして「これはすごい！」と言っていただけなければならないし、それを実現してきたと自負しています。

■「私が唯一自慢できるのは従業員です」

翌一九九五年、ジュンク堂は阪神淡路大震災の痛手を逆にプラスに転じさせるべく、大分（一月）、姫路（五月）、そして鹿児島（十二月）と次々に出店し、いずれの土地でも専門書店を待ち望んでいた地方都市の方々に歓迎されていきます。そしてついに目標を東京に定めました。〝地方のジュンク堂〟のイメージを一新し、またあらゆる情報の発信地でリアルタイムに情報を収集するために、東京・池袋東口に出店を果たしたのです（九七年八月）。さらに仙台（九七年十一月）、大阪・天満橋（九八年四月）、大阪・堂島（九九年三月）、広島（九九年四月）、大宮（同）、西宮（二〇〇一年四月）に続いて二〇〇一年秋には博多への出店も果たしました。またその間、二〇〇一年三月には池袋店を二〇〇〇坪に増床して日本最大の書店としています。

次々と出店した大型店の共通した特徴は、売上げの数字がゆっくりした右肩上がりのカーブを描いて、地道に伸びていくことです。これは、社長が目指している「その地域になくてはならない書店」づくりを、棚担当一人ひとりがしっかり認識している証でもあります。

各大型店の店長は、入社十五年以上のクラスが務めていますが、彼らにしても恐らくジュンク堂がこれほどまでに大きくなるとは誰も思ってもみなかったと思います。採用については後の章で詳しく述べますが、ジュンク堂の立ちあげ当初「できるだけ変わった人材を集めるように」と社長から要請されたこと、そして変わった人材を集めようにも、なにせ応募者そのものが少なく、頭を痛めたことが懐かしく思いだされます。

今現在、店長として活躍しているだれもが、当時は「こんな会社に入って大丈夫なんだろうか」という不安を抱えていたでしょう。そんな不安を打ち消す私の切り札こそが社長でした。「これは」と思う人物を、私は工藤社長に会わせるように仕向けました。そして社長面接を終えた学生に投げかけるセリフ、「すでに出来上がった組織で、安心して働きたいと思うのなら、紀ノ国屋書店さんに行かれたほうがいいでしょう。でも、今はまだまだ小さいけれど、このジュンク堂を発展させようとしているあのユニークな社長に魅力を感じたら、一緒にやっていきませんか」これが私の殺し文句でした。それはあたかも、自分自身がぞっこん惚れ込んでいる商品を、相手に一生懸命売り込んでいるセールスマンのようでもありました。

そうして入社した彼ら、彼女たちに対して社長は「社員はすべて現場の担当者、会社の舵取りは自分がしっかりやるので、みなさんは魅力ある、充実した棚づくりに全力をあげてください」と言い続けてきたのです。棚を担当しない、つまり生産性のない中間管理職は置かず、自分の考えがストレートによどみなく伝わるフラットな組織づくりを徹底しました。

フラットと言えば、ジュンク堂では男女の別もまったくありません。さらに年功序列も嫌います。「専門書の品揃えの充実を図って、地域の文化の発展に少しでもお役に立ちたい」、そのためにも「顧客サービスに努める」、このコンセプトの前では、あらゆることが平等なのです。そして、そうやって徹底された意識が、かつて「こんな会社で大丈夫だろうか」と不安を抱えながらも頑張り、今や各地で店長として活躍している先輩たちから後輩たちへと引き継がれ、ジュンク堂は成長し続けているのです。

工藤社長は常々、少しも照れることなく、胸を張ってこう言います。

「私が唯一自慢できるのは従業員です」

工藤社長と彼のもとに集った「人々」、それこそがジュンク堂そのものなのです。

第2章
フラットで柔軟な組織と運営

■売り場担当者が仕入れ責任者

「現場のことを何も知らないで、こんなにたくさん注文して……」と売り場の担当者が社長や本部、店長に対して文句を言っている書店員の話を聞くことがありますが、ジュンク堂ではこうしたことが起きることはありえません。

なぜかというと、ジュンク堂では仕入れは現場の担当者にすべて任せているからです。たいていの大型店は、仕入部のような部署を設け、それなりのキャリアのある人を配置して仕入れを行っています。中小規模店などでは、店長自らが仕入れを行っているところも多いようです。経験の浅い人が仕入れをすると、売れない本で棚が溢れ、返品もうまくいかずに、即、経営危機に直結することになりかねません。一括して仕入れを行うことは、そうしたリスクを避けるためには、たしかに合理的な側面もあります。

実際、オープン当初から現場に仕入れをさせていた社長の周囲には、「仕入れは絶対社員にさせてはいけない」「これほどの大型店で仕入部も置かず、いったいどうやって商品を管理するのか」と意見する人もいたようです。しかし社長は、「本は定価販売で値引きやバーゲンもできないから、売ること自体にあまりおもしろみがない。よって社員にやりがいをもって仕事をしてもらうには、仕入れを棚担当者に任せるのが一番いい。また、店頭で毎日お客さまと接し、問い合わせなど生の情報をもっている人間の方が、よりタイムリーで的確な仕入れができるはずだ」というポリシーを曲げることはありませんでした。

たしかにこれは業界のセオリーに反するやり方だったのですが、現在ではこれがジュンク堂の大きな強みになっていると実感しています。

出版社側から見れば、現場の人間が仕入れの権限をもっていることで、コミュニケーションも取りやすく、きめ細かく販売促進をすることができます。書店としても、担当者レベルで出版社のフェアや企画に協力したり、返品期限切れ商品や「しょたれ本」の返品などを頼むことが容易になり、よりよい棚管理、商品管理ができるようになります。要するに売る方と仕入れる方がそれぞれ一人の担当者の方が、責任は重い分、仕事はスムーズに進むわけです。新卒でジュンク堂を志望する学生にも、この、現場に仕入れを任せてもらえる社風に魅力を感じる人が多くいるようです。

とはいえ、最初からこの仕入れの方法がうまく機能したわけではありませんでした。オープン当初はまったく商品知識のない、右も左もわからない担当者が仕入れをしていたわけですから、棚のみならずストックからも本が溢れて、相当混乱したものです。この時、適切な交通整理を行い、仕入れと返品の見極めをしてくれたのが、取次の大阪屋の担当者でした。

余談になりますが、そもそもジュンク堂が大阪屋とお付き合いをするようになったのは、周辺地域の書店との関係が背景にあります。最初はトーハンと取引関係を結ぶ予定だったのですが、昔から地域で書店を営んでいた方々から、「おじいちゃん、おばあちゃんの時代から一緒にやってきた我々中小書店をつぶして、大型店に肩入れするのか」という猛抗議がトーハンに寄せられ、その話は立ち消えになってしまったのです。そこで大阪が本拠地の大阪屋にお願いをしたわけですが、大阪屋日常業務のサポートから、出店援助などまで本当にお世話になったと感謝しています。

ジュンク堂の、棚担当者による仕入れというシステムがどうやら軌道に乗ったのはオープンから三年目ほど経ってからでした。この経緯でも大阪屋のさまざまな協力があったことは、特に記しておきたいと思います。

■やりがいと重責と

こうした仕入れのやり方からもわかるように、ジュンク堂の組織は、一般の会社と比較してかなり柔軟な部分があると思います。たとえば、組織図を描いてみろと言われても、はっきりしたものは描きようがありません。というより、非常にシンプルな組織なので、そういったものの必要がないと言うべきでしょうか。一応大きく分けると、店売と外商があり、その他にスタッフ部門として業務部、総務部、営業本部、システム部があり、それぞれが協力しながら仕事を進めていきます。

社長は問題がない限り、基本的には現場の細かいことにはあまり口を出しません。社長はよく冗談で、「私は現場のことはわからないから」などと言うのですが、むろんそんなわけではなく、驚くほど現場にも精通しています。しかし、むしろ大所高所から要所で的確なチェックを入れることを大事にされています。現場もそれがよくわかっていますから、社長の信頼に応えるべく、懸命に仕事に取り組む気風ができあがっています。

また社長を補佐し、その意思を伝える役割として総務部長や社長室のスタッフがいるだけです。

店の責任者は、当然店長であり、店長の直属の上司は社長ということになります。間に総務部長と営業本部長を配してはいますが、店で何か問題が生じた時に出動するだけで、店の運営のほとんど、アルバイトの採用なども店長に権限が委譲されています。

ですから店長は非常にやりがいがある反面、比例して責任も重大です。各店長は朝九時ごろ出社して、夜は閉店過ぎまでの長時間勤務ですが、管理職ですから超過勤務手当は支給されません。休日は月に七、八日ありますが、出版社の方や工事の業者が来店する予定が入ったりして、なかなかゆっくりも休めないのが現状です。

■会議無用

ジュンク堂では、形式的な会議を一切しません。全社的な会議は、年に三回ほど、賞与と昇給の内容説明をする際に行われますが、それでも招集されるのは関西圏のみで、遠隔地は電話のみで済ませてしまいます。社長は会議の際も、淡々と会社の現況と必要事項を語るのみで、机を叩いてゲキを飛ばすようなことはありません。最近は広告塔を自称して各地で講演などもしているので、だいぶしゃべりもうまくなられましたが、本当は大勢の前で、しかも壇上から語るようなことは苦手なのだと思います。

ほとんど会議がないことに驚かれるかもしれませんが、たとえば全店長を集めて会議をすればお金も時間もかかるわけですし、営業実績、日常の問題などを報告しあうといっても大型店と中小店ではまったく事情が違うのでお互いあまり参考になりません。成績の悪い店の店長にとっても、会議はプレッシャーになるばかりで、得られるものが少ないのではないかと考えています。

とにかくこうしたセレモニー的なことは入社式以外にまったくしないのがジュンク堂の運営のひとつの特徴です。

日常業務においてもその考え方は徹底されています。店長が社長に何か報告する必要がある時も、基本的に形式的な文書は求められません。簡単なことについてワープロ打ちで報告書でも出そうものなら、そんな時間があったら店に出るように、と逆に注意されてしまいます。やりとりには主に電話、ＦＡＸ、社内便などを活用しています。

人事面でもできるだけ合理的なシステムをとるようにしています。役員は社長のみで、働きのわりに高給を取るような管理職がいないようにして、人件費を抑えます。各店の売り上げ対人件費率にも常に目を光らせています。大型店の店長は、本来の店長職以外に、新卒の採用、教育、システム等のプロジェクトのメンバーも兼ねています。

こうした各プロジェクトのまとめ役も、普通なら部長クラスがつとめるのでしょうが、ジュンク堂では現場とかけ離れた机上論にならないよう、事情に精通した入社十年以上クラスの店長から選ぶようにしています。要は今の現場をよく知る若手にどんどん仕事を任せるわけです。

■「上から下へ」ではなく「下から上へ」

役職は、部長、次長、副長、課長、係長、主任とありますが、社内ではお互いに肩書で呼ぶことはしません。店長はお客さま等や取引先との対外的な関係もありますので○○店長と呼びますが、それ以外は名前で呼び合っています。そもそもオープンから三年目ぐらいまでは、役職名すら実に適当で、主管者と呼ぶ程度でした。そのうち出版社から、「組織がどうなっているのかわからないので、どこへお話しすればいいかわからない」といった声が出たため、肩書なんかニックネームのようなもの、と言いつつ、現在の役職名に統一したような次第です。

こうしたことひとつとっても、組織がピラミッド型ではなく、上が下を押さえつけることのないフラットな関係で、伸び伸びと仕事ができる環境にあることがおわかりいただけるのではないかと思います。

「上から下へ」、というよりも、むしろ「下から上」への視線がジュンク堂を活性化させています。アルバイトはパートナーの正社員をよく見ていますから、仕事もできないのに給料が自分より多い社員がいれば不満の声が出ます。同様に後輩社員は先輩社員を、社員は店長をよく見ていますので、それぞれが自分の仕事にいいプレッシャーを感じ、責任を果たす気風が自然に出来上がっているのです。店長といえども、仕事をサボって店の入り口でちょっとタバコを一服などしようものなら、内部から強烈なブーイングがおきます。

人事、組織を考える上では、すべての者に公平な目をもって処遇を決めていくことが一番重要です。具体的に言えば、仕事をよくする人に給料をきちんと払うという原則を貫くということです。

ジュンク堂では、何年在籍したから昇給するとか、役職につけるとかいうことは一切ありません。そのかわりに、職能等級制度というものがあります。これは、社員を総合職と専任職に分けて等級をつけ、それぞれの等級ごとに求められる仕事のレベルを明確にして、考課を行うというものです。全国どこへでも転職できる人は総合職、家庭や何らかの都合で転勤できない人は専任職ですが、入社時に本人の希望により決定します。

■アルバイトも評価を

考課は年に三回、七月と十二月に「成績、態度意欲考課」を、三月に一年のまとめである「能力考課」を店長が行い、全店が出揃ったところで店ごとの甘い辛いがないよう二次考課を行います。等級に応じて能力考課に成績考課を一定の乗数計算で加算し、給与に反映させます。この給与は賞与にもスライドしていきますので、頑張った者は必ず報われるようになるわけです。四月の昇給前には進級会議を行い、上位等級の仕事を行わせる者を決めます。当然ながら、進級者は給与も賞与もアップし、考課が悪ければ昇給ゼロもありえます。

考課の結果は、店長から、期待している仕事のレベルに対してどう評価しているのか、不充分だとしたらどこが足りないのか話をするという形で、社員にフィードバックします。一方で社長も、考課者の被考課者に対するコメントまで含め丹念に目を通し、最終調整である三次考課を行っています。常日頃から社長は、「上（上司）を見るな、下（部下）を見ろ」と口癖のように言っており、アルバイトまで含め、よく社員の働きぶりに注目しています。

アルバイトについても級を設け、仕事の成果を店長が判断して進級＝昇給するようなシステムにしています。アルバイトといっても、非常に能力があり、頑張って店に貢献してくれる者はたくさんいます。それなのに一向に時給が上がらなければ、モチベーションは下がりますし、辞められてしまっては大きな戦力ダウンにつながりかねませんので、きちんとした評価をするわけです。

また昨今は不景気で、卒業してもなかなか就職が決まらず困っている学生アルバイトも多くいます。たとえば一回生から四回生まで、ずっとジュンク堂でアルバイトを続けた学生などは、商品知識も相当ありますし、接客応対にも十分経験を積んでいるので、本人が希望すればそのままアルバイトで店に残ってもらうこともあります。さらに何年か仕事を続け、社員としての能力の基準に達した場合、むろん本人の希望に基づいてですが、社員に登用された者も過去に四名います。

■社員は給料に見合った仕事を!

社員には、常に給料に見合った、それなりのグレードの高い仕事を求めます。たとえばオープン当時、周囲の書店では、店員がカウンターでレジ打ちの応対をしながら、合間にブックカバーを折る作業をしている光景をよく見かけました。しかし大学を出て社員の給料を払っている人間に、そんな非生産的な単純作業をされていてはたまりません。そこでこの紙折り作業は印刷業者にやってもらう態勢にしました。当初はそこまで発注することでコストもかかりましたが、今では店も増えたので、結果的に安価となり、効率化するにはいい判断だったと思います。

また、毎日どの本がどれぐらい売れたのかの管理をする作業も、社員にはさせていません。今ではレジでバーコードを読み取って売り上げをデータ管理している書店は珍しくありませんが、このＩＳＢＮコードを読み取るシステムを書籍量販店でいち早く導入したのも実はジュンク堂なのです。

テレビや新聞のニュースでこのことが報道されると、全国の大型書店からぜひ見学させてほしいという問い合わせが殺到しましたが、社長の考えで、これらの見学の申し込みにはすべて応じ、ノウハウも伝えるようにしました。特許でも取ればそれだけで利益になったのかもしれませんが、社長は「他店がこのシステムを参考にして業界の機械化が進めば、ランニングコストも下がるし、大局的にうちにもメリットがある」と言って、すべてをオープンにしたのでした。機械化という点で言えば、売れた本から抜き取ったスリップをもとに在庫を整える方法もやめ、自動発注システムを取り入れています。

書店の日常業務のひとつに、取次から毎朝たくさん搬入されてくる本を、ジャンルごとに整理して棚に並べていく「棚入れ」という作業があります。これも単純作業ではあるのですが、かといってアルバイトにさせるにはどこにどの本を入れていけばいいのかわかりづらく、頭を悩ませることになりがちでした。そこでジュンク堂では、棚とジャンルを所番地のようにコード化することによって、大部分をアルバイトでもできるようにしてしまいました。社員はアルバイトが判断できない部分について交通整理したり、複数のジャンルで併売する場合などのみ、関与するようになっています。

要するに、単純作業はアルバイトや機械にやらせ、社員はお客さまからの問い合わせなどへの応対、出版社営業担当とのコミュニケーション、商品情報収集、新刊やベストセラーの動向に注目しての発注、アルバイトの管理など給与に見合ったレベルの高い仕事に全力を注げ、というのが社長の考えであり、ジュンク堂のポリシーなのです。

■盛り上がる競売大会、そして社員旅行にもしっかりポリシーが

余談になりますが、アルバイトや警備担当者なども含め、ジュンク堂のスタッフが役職を超え

てフラットな雰囲気で働いていることを示すエピソードがあります。

書店を営んでいますと、取引先から御中元や御歳暮をいただいたり、何らかのコンクール等で賞品をいただく機会があります。ジュース、かつおぶし、漬物、テレビ、自転車など実にさまざまなものが集まりますが、これらは通常、ジュンク堂書店○○様、という指名の形で送られて来るわけです。

しかしジュンク堂では、これらいただきものを、宛て名の人間がもらうのではなく、全社でプールしておいて、ある程度たまったところで皆で競売をするのです。これを発案したのも実は社長で、社員はもちろん、アルバイトや警備員、取引先の担当者までみんなが揃って汗を流し、売り上げを伸ばしてジュンク堂を支えているのだから、もらったものについても彼らを含めて全員で公平に、楽しみながら分配をしようというわけです。

競売にあたっては、まず全賞品にナンバーをつけて一覧表にし、それぞれ最低入札金額を書いて休憩室に貼り出します。この時期の休憩室はとてもにぎやかで、皆、あれがほしい、いくらだったら落札できるだろうなどと大騒ぎになることもあります。

結果が出るとまたこれがおもしろく、あと五十円で自分が落札できたのになど、しばらくは社内がその話題でもちきりになるほどです。首尾よく落札に成功した人はお金を払って賞品を持ち帰るわけですが、ここで集まったお金は、秋の社員旅行のかくし芸大会の賞品代になったり、普段皆で食べるおやつ代などに使っています。

脱線ついでに、社員旅行についても触れておきましょう。この旅行の宴会のなかで行われる各部署、店対抗のかくし芸大会は、毎回なかなかの盛り上がりを見せます。もっともこれも、同じ職場で働く仲間がまとまって、何かひとつのことをなしとげるようにという社長の隠れた意図があっての企画なのですが、皆喜んで、配役から演出、衣装などにも凝って出し物を考え、練習をして本番に臨んでいるようです。

当日の宴会は社長のあいさつや乾杯もそこそこに、何時間もかけてそれぞれのだしものを笑い転げながら楽しむのが恒例になっています。カラオケなどはまったく無縁ですし、社長や上司にお酌をしに行く人も皆無です。何しろ社長が先頭になって、皆のだしもののビデオ撮影に夢中になっているのですから。

■オリーブならぬ〝ポパイ〟は貴重な戦力

ジュンク堂では女子社員の採用を非常に積極的に行ってきたことも、特筆しておきたいと思います。男女雇用機会均等法が施行されて、採用や待遇を男女同一にするよう定められるはるか以前の、開店当時から、ジュンク堂の賃金は男女同じでした。現在では女性店長をはじめ、各役職に幅広く女性が登用されて、活躍を続けています。きめ細かさやきちょうめんさが特に要求される書店には、女性社員の力が必ず必要と考えていた社長の先見の明をあらためて感じています。いつでも相談できる女性の管理職が増えることによって、ますます現場の女性にとって働きやすい状況が生まれるという好循環も生まれてきています。もっとも書店では重い本をかついで運ぶ仕事などもありますから、女性といえどもオリーブではなくポパイでないとやっていけません。

第3章 採用
——書店の最大の財産は書店員——

■社名誕生秘話

開店に向けての準備をスタートしたとき、まず最初に考えなければならなかったのが、店名をどうするかということでした。社長から、「本は定価での販売が決められているので、せめて社員にはできるだけユニークな人を集め、型にとらわれないおもしろい本屋をやりたい。そんな人材が応募してくるような、一風変わった店名を考えて欲しい」という宿題が出されたのです。

実は以前から私は、電話番号の語呂合わせや、社名の由来に興味がありました。そこでブリジストン（石橋社長の名前を英語にした）、サントリー（鳥居社長の頭に太陽を）、サンリオ（社長が山梨県出身で「山梨王」）などの例を頭に置きながら、何かいいアイデアがないかとあれこれ考える日が続きました。

あるときふと、社長の父君の名前「工藤淳」を英語風に姓名逆に読むと、「ジュン・クドウ」となることに気がつきました。なぜか本屋には「〇〇堂」といった店名が多いのですが、「ジュンク・ドウ」＝「ジュンク堂」というのはちょうどピッタリで、なかなかおもしろいのではないかと思ったわけです。早速提案してみますと、皆の賛成も得ることができ、正式にこの店名に決定することになりました。

店名決定の過程でも発揮された社長の斬新な感覚は、その後もユニークな採用方針、型にとらわれない店づくりへとつながり、ジュンク堂躍進の原動力となっていくのです。

■社長面接は採用の〝ジョーカー〟

ジュンク堂では、四月に定期的な社員採用を行っています。中途採用をすることも稀にはありますが、基本的には新卒者を採ることにしています。採用にあたっては、「物事をよく考え、何かに深い興味やこだわりをもつ、どちらかというとＩＱの高い人を重視する。採用基準に達しない人を無理をして採るようなことはしない」という基本方針で臨んでいます。

オープン当初は、学生たちの間でジュンク堂の名前があまり知られていませんでしたので、応募も少なく、いろいろな苦労がありました。たまに問い合わせの電話があっても、シュンク堂とかジュンコー堂とか、間違って名前を言われることもしばしばでした。「幸せのシに濁点」「弓矢のユ」「栗のク」「お寺にあるお堂の堂」と何度も言いなおして店名を覚えてもらったものです。

立ち上げの時は新聞紙上で求人募集を行いましたが、翌年からは大学、短大の就職課に求人票を持って挨拶に行きました。大学の待合室で順番を待っていると、先に来ている大企業の人事部長のような年輩者の笑い声、それに対する大学の就職部長の声が聞こえてきて、やはりＶＩＰ待遇というのはあるのだなあと感じたものです。

一方私はというと、部長には会ってもらえず、就職課長が応対に出てこられました。それでも、「新しくスタートした本屋です。よろしくお願いします」と頭を下げ、求人票を渡してきた記憶があります。

その頃はやっと三十名ぐらいの応募がある程度でしたが、年を追うにつれて少しずつ応募者が増えていきました。これは、と私が思った学生には、こちらが好印象をもっている意思表示をするために、二回ほど店に来てもらい、さらに詳しく会社の将来についてまで話をするという作戦もとりました。

こうして人数をかなり絞った上で、最終的に社長に面接してもらうわけですが、知名度のない会社の採用担当として、私はこの社長面接を単なる面接ではなく、むしろ採用のためのジョーカーと考えていました。というのも、社長と会って話をしてもらうことが、学生にジュンク堂の魅力を伝える最大の武器になるという自信があったからです。

こうして採用した当時の学生が、現在ジュンク堂の各店で店長として活躍してくれているのはうれしい限りです。

■書店員は3K労働の代表

先ほども述べたように、社長からは一貫して「何でもいいから一つのことをずっと続けていて、集中力があり、物事をよく考え、こだわりをもち、変人とまでは言わないが、ちょっときわどいぐらいの学生がいたら、早めに会わせてほしい」と言われています。

就職セミナーなどで、ジュンク堂が求める人材についてそんな話をすると、「自分こそ個性あり」という反応をする学生もいます。しかし同時に、本屋はまさに3Kの代表業種とも言える職業で、肉体労働であり、土日も休めないし、早出・超勤の残業もありますと話すと、意外そうな顔をされてしまうこともよくあります。出版社と同じような待遇だと思っていたり、ジュンク堂の新刊PR誌『書評』を発展させ、大々的に出版業も手掛けるのではないかと考えている学生も多く、この書店員ブルーカラー話をすると、応募者は半分以下になってしまいます。

しかし、それぐらい露骨なぐらい「きつい職種」であることを言っておかないと、入社してもすぐに挫折してしまうのが現実なのです。

■採用判定システムは有効か？

バブルへ入りかけた頃、それまで少しずつ増加傾向に推移していた求人応募者が減ってきたことがありました。いろいろ状況を調べてみますと、各社は優秀な人材を集めるため費用を惜しまずかけており、リクルート社等の就職媒介業者を使っていることもわかりました。

そこでリクルート社の担当者を呼んで話を聞いてみたのですが、まず何より費用が高いことに驚きました。しかしシステムの説明を受けると、ＩＱテストと情緒性格判断テストによって構成されているとのことで、特に性格診断テストには興味がありましたので、一度これを使ってみようということになりました。というのも、一組五、六人の応募者を、わずか四十分ほどの面接で選抜していくことに難しさを感じていたからです。

最終選考の面接を終え、面接官六人の意見交換を行うわけですが、見解が分かれて調整が難航することがあります。そこでこのテストによるレポートをチェックするようにしたわけです。

ところが、最初は皆の意見を出しあった後に一応見てみるとか、迷った場合に参考にするという利用の仕方をしていたのですが、次第に最初からレポートを重視するようになっていきました。たしかにレポートの内容を見ると、なるほどと思わされることが多かったので、どうしてもレポートに依存するようになってしまったのです。

結局何年かして、社内から、「これではユニークな学生を採用しようとしても、優等生ばかり採ることになってしまう。それぞれタイプの違う学生を採らないと、会社は衰退してしまう」という声が出て、性格診断テストの利用は取り止めることになりました。その後は新聞社の媒体を使い、費用と時間もかけて、本屋の命である優秀な人材確保を継続していくことになりました。

■役に立たない『面接の達人』

採用スケジュールは、まず学生に、就職媒介誌のハガキ等を利用して資料請求をしてもらい、企業セミナーの日時、場所を連絡します。企業セミナーでは、まず会社の概況、待遇、採用予定人数、また転勤がある総合職と転勤がない専任職についても説明します（ちなみに最近では女性の総合職希望者、採用数ともに増えています）。そして基礎能力を重視した数学と国語の二科目の試験を、それぞれ三十分間行います。最初のセミナーは参加人数も多いので、ここまでで終了し、基準以上の学生には二次面接、さらに七月七日前後の最終面接へと進んでもらうことになります。

この最終面接で、六名の面接官に社長が初めて加わります。多くの学生は、この最終面接に面食らい、事前に勉強して読んできた『面接の達人』の本があまり役に立たなかったことに気づくようです。というのも、一応型通りなのは志望動機ぐらいで、何か一つのことを集中してやってきたか、現在もやっているか、その動機は何か、人から変人と言われたことはあるか、それはどういうところか、自分ではどう思っているか等々、「変人度合い」が入念に聞かれるからです。

　ここで目をキラキラさせて自慢話を始める学生は、一歩内定に近づくことになります。演劇、音楽、ペット飼育、コレクション、バイトをしまくって貯蓄王になっている等、どんなことでも、本人が集中してやっていることには耳を傾けます。ある質問に対して答えた内容と、同じことを視点を変えただけの質問に対し答えた内容が違っている場合は、なぜ違うのかを鋭く聞きます。この場合は、なぜ違う答えが出てきたのか、きちんと自分の考えを整理して言えるかどうか、理解力、物事をよく考える力をチェックしますが、限られた少ない時間で人を観るのは非常に難しいことです。

　学生は緊張しているので、できるだけリラックスした雰囲気をつくり、本来の姿を出させるようにしているのですが、これは最終面接だけではなく、最初の企業セミナーのときからリラックスした雰囲気づくりを心掛けています。

　というのも、最初に学生と出会う際の私の印象は、企業の第一印象として大変重要なものになるからです。学生は当然「私＝会社」と意識するでしょうし、こちらとしてもこのときだけとりつくろってもやがて必ず見抜かれてしまいます。ジュンク堂で最も腰が低く、何事にも気遣いをする社長を開店当初から見ていますので、私もそんな社長になりかわった気持ちで、普段どおり学生に接するようにしているのです。

そんなわけで最終面接を受けている学生の中には、リラックスしすぎてしまい（?･）、ムッとして怒りだしたり、泣きだしたり、笑い転げて止まらなくなったりする人も出てきます。しかし、私たちはそういう普通の学生の姿が見たいのです。

面接の中では社長も中心になって細かく質問をしますが、面接を終えて、「社長はどこに座っていたかわかりますか」と聞くと、「わからない」と答える学生がかなりいます。十月一日の新卒内定者顔合わせ昼食会で初めて顔を知り、「エーッ！　あの方が社長なんですか」と絶句することもしばしばです。私もあえて学生に社長が誰かを教えず、この席での社長デビューを楽しみにしています。

■中小企業に不利な就職活動の早期化

現在では少しはジュンク堂の知名度も上がってきましたので、毎年三千名ぐらいの資料請求があり、当初の苦労がウソのように思われます。ハガキでの資料請求も、インターネットに切り換えることになりました。入社テストでは、いつも女性が上位を占め、面接をしても優秀な人が多いので、最近では女性の採用が多くなっています。本屋はキメ細かさを要求される仕事ですので、女性に向いている職場だとも思います。

二〇〇〇年からは、最終面接前に二、三週間程度、アルバイトの形態で仕事をしてもらって、学生も会社もお互いに双方を確認し、納得の上で最終選考に進んでもらうようにしています。いくら口で本屋はしんどい仕事だと言っても、実際には想像した以上のレベルなので、リタイアを少しでもないようにと考えてのことです。また、東京・池袋店出店により、関東と関西で窓口を別にして採用をするようになりました。

二十五年間、採用担当者として振り返ってみますと、年々就職活動が早まっていることを感じます。就職協定が形だけでもあった時代は、資料請求ハガキが届くのは三月頃からでした。しかし現在は三回生の夏休み頃から動きはじめているようです。こんなにスタートが早くなると、中小企業はかなり不利になり、優秀な人材の確保が難しくなってきています。

■お互いに高めあう教育スタッフ制

ジュンク堂の新入社員教育は、机上の教育はしないことが原則で、現場を重視し、棚の担当をする先輩社員が新人に実際に仕事をさせながら教えていく形をとっています。先輩の側にも、教育スタッフに選ばれることに誇りを持たせ、指導者の立場を意識してもらうようにします。教育スタッフは入社三、四年目の社員から選びますが、人に教えることで意欲、能力ともに向上することになるので、この繰り返しのサイクルを新人教育の原点としているのです。

内定した学生とは、先ほども述べたように、毎年十月一日に社長や面接を担当した店長を交えて昼食会を行います。バブルの頃は、内定後の辞退者が続出することにどの会社も頭を痛め、この時期に一泊二日の旅行を企画したり、かなり経費もかけていました。しかし書店はマージンがわずかな商売です。社長は「本屋は小作人」といつも言っていて、旅行はおろかそんなに豪華な昼食会もできません。ジュンク堂では、スピーチをする関係で静かな個室が必要なので、無料で特別室こそ用意しますが、当時から食後のコーヒー付で一三〇〇円のランチを囲み、いろいろな話をすることにしています。

余談になりますが、ジュンク堂には専用の社長室も応接室もありません。三宮センター街店七階の事務所兼倉庫の奥まったところに社長や私を含めて六名ほどの事務員がいますが、その机のそばに来客用のテーブルと椅子を置いています。テーブルといっても、当時のサンパルにあったものを捨てるのがもったいないので持ってきただけで、塗料もはげた二十年ものです。店舗にかかる費用は惜しみなく投資しますが、生産性のない部分にはいっさいお金をかけないことを徹底しているのです。

そんなわけで、昼食会も内定者を無理して引き止めるためのものではありません。去る者は追わずで、むしろ集まった学生と一緒にランチをとりながら、もう一歩突っ込んだところを見ようというのが目的です。この日には、内定者に指定した店を見学させ、棚構成、品揃え、応対等あらゆることから感じたことを、特に悪い部分を中心にしてまとめてもらい、翌年一月の招集時に発表してもらうようにしています。その後、二月から三月には、自動車学校の要領で都合に合わせ現場実習を二十日間行います。研修先の店は本人の通いやすいよう選ばせますが、ここからの教育は先述した教育スタッフの手に委ねることになります。学生はいよいよここからしんどい職場を実感することになります。

■去る者は追わず、望む者は拒まず

内定はしたものの、単位が取れなくて落第してしまい、研修なかばで入社できなかった学生も、過去三名ほどいました。その中の一人の女子学生は、「どうしてもジュンク堂に入社したいので、一年間アルバイトさせて下さい。そしてその結果で採用を判断してもらえないでしょうか」と必死で懇願してきました。社長に相談したところ了解を得られたので、彼女は一年間、ジュンク堂の店でアルバイトをしながら無事単位を取り、あらためて入社試験や面接を受けることなく社員になりました。去る者は追わずの逆に、このようにどうしてもジュンク堂に入りたいという気持ちは、かなり重要視します。

毎年四月一日には、入社式を行っています。式といっても自前の会場もありませんし、ふさわしいきれいな会場を用意するわけでもありません。要は学生に、社会人としての旅立ちのけじめをつけてもらうためのセレモニーとして続けています。場所は三宮店八階の会議室を使っており、ちょっと薄暗いのですが安くて近いのが何よりです。社長をはじめ、大型店の店長が集まり、進行係は私がつとめました。

最初に社長からお祝いの言葉と業界、会社の現状について話があるのですが、向かいの競合大型店が倒産した翌年の入社式では、「うちだっていつ倒産するかわからない……」といったように、倒産という言葉を六回も七回も連発したことがありました。新入社員の中には社長が言うのだからひょっとして、と青くなった者もいたようでしたが、社長にしてみれば「寄らば大樹で、入社すれば何とかなると思っている人は、うちでは通用しない」との意図での訴えだったのです。一方で新入社員の側からも「こんなにしんどいとは想像以上だった」とスピーチでやり返したり、飾らないユニークな入社式となります。

研修中のリタイアは過去二、三名ですが、一度、入社式十分前に来て「内定辞退」をされたケースがありました。ある女子内定者が入社式の入り口で私を見つけ、「あのー、ちょっとお話が……」と声をかけてきたので、隅に寄って聞いてみると、「警視庁に内定が決まったので辞退したい」と言うのです。私も思わず「エーッ！」と声をあげて、「警視庁を受けるとは言ってなかったじゃない」と聞き返してしまいました。しかし彼女の目はみるみるうちに涙で一杯になり、ハンカチを取り出しはじめましたので、もうそれ以上何も言うことができなくなりました。結局「頑張って強くて立派な婦警さんになって……」と逆に励ました記憶があります。

それ以外にも、教員採用が決まったので辞退したいということもありました。教員や公務員は採用が決まるのが三月ぎりぎりなので、突然辞退されても手の打ちようがなく、こちらの方が泣きたくなります。しかしそんなときも社長は悠然としていて、「今の今までどうして辞退することを把握できなかったのか」といったように責められたことは一度もありません。あくまで去る者は追わず、引き止めずで、採用に関しても無理をしない原則を貫いているのです。

■会社が志望者に問いかける時代に

ジュンク堂が開店した二十五年前は、応募者は大学の学内推薦がほとんどでしたから、学内の競争で上位にいる、どちらかというとまじめで成績の良い順に就職が決まっていく傾向がありました。

現在は自由応募で、企業の面接や入社試験が就職競争の場となっていますが、面接をしていると、個性的で、何かに打ち込んできたものをもっている学生が減ってきているように思います。小学生の頃から「平等」を優先する教育を受け続け、たとえば運動会でも一等二等といった優劣をつけない配慮をされてきたためか、競争意識の薄い、個性のない「群れ」を好む学生が増えている、そんな気がしてなりません。

就職活動も、本人はいたってのんびりとしていて、学校や親が尻をたたいてようやく動きだす学生も多いようです。将来のことより、今がよければＯＫで、就職先を選ぶ際も以前のように大手指向、業種へのこだわりや思い入れというより「なんとなくこんな仕事をしてみたいな」で選んでいるような印象もあります。

これからは「最近の学生はつかみどころがない」などとなげいているだけでなく、企業がしっかりと学生に問いかけていく時代なのかもしれません。

「一体君はどんな仕事をやりたいのですか?」と。

第4章
売る書店、売れない書店

■新刊、ベストセラーは書店の華

スーパーの系列で、はじめて書店に身を置くことになった店長が、こんなふうにぼやいたことがありました。

「スーパーでは、よく売れている商品を切らしてしまったら始末書もので、担当は当然叱責されます。メーカーの側も、スーパーに日参して自社商品の売り込みに必死です。ところがこの出版業界は、ベストセラーが切れたので追加してほしいと取次や出版社に頼んでも、商品はなかなか入ってこないし、まったくラチがあかない。だいたい出版社は新刊が出るときには『よろしく』って言ってくるのに……。この業界はいったいどうなっているのか。商売をする気があるようには思えないんですよ」

たしかにこの店長が言うことには一理あります。書店にとって新刊やベストセラーを確保することは非常に重要で、これが売る書店と売れない書店の最初の分かれ道になると言ってもいいほどです。

言うまでもなく新刊やベストセラーは、お客さまにとって大変魅力がありますから、書店としても目玉商品ということになります。担当者は、毎朝新刊を平台に並べる時は、ドキドキ胸をときめかせるものです。

自分が売れそうだと思う新刊は、お客さまの目につきやすい位置に平積みをしますが、反面、売り場のスペースには限りがありますので、平台から外さなければならない本も出てきます。現在はコンピュータで売れ行きを管理していますので、ある程度それを参考にしますが、それ以外にも担当者は、レジで本から抜き取るスリップをチェックしたり、過去の補充の頻度などから、よく売れる本で平台の構成を考えていきます。またシリーズものであれば既刊分をそばに置いたり、類書を並べたりします。こうして売り上げの波及効果を狙っているわけです。

よく書店にいらっしゃるお客さまは、まず新刊やベストセラーの並ぶ平台を見るので、いつ行っても同じ本が同じところに漫然と並べられているだけの刺激のない書店には寄りつかなくなってしまいます。

■書店員の目利きが問われる新刊の扱い

最近は新刊点数が非常に多いので、ひとつの本が平台に残っているサイクルが短くなっています。そのあたりをよく知っているお客さまは、今すぐ読まなくてもいずれ読む本は、平台や棚からなくならないうちに早めに買っておいて下さいます。しかし、「あれ？ この前ここに積んであった本はなくなっちゃったの？」などと聞かれてしまうこともよくあります。売れないので返品してしまったか、売り切れになってしまったかのいずれかのわけですが、売り切れの場合は出版社にも在庫がなく、重版中のこともあるので、対応には注意が必要です。

新刊が書店ですぐに品切れになってしまう背景には、そもそもの配本部数が適正だったかどうかという問題も絡んできます。

ここで簡単に新刊配本の仕組みについて説明しておきましょう。毎日百点以上の新刊が刊行され、一方では全国には膨大な数の書店があるので、ひとつひとつの商品についていちいちすべての書店の配本部数を決めていくのは困難です。そこで通常は、初版の刷り部数と書店の売り場面積による一覧表をもとに、取次に配本を任せます。これをパターン配本といいます。

しかし、当然、出版社はよく売る店に多く配本したいわけですし、書店としても自分の店で売れる本はたくさん配本してほしいわけです。そこで、書店は出版社に個別に交渉を行って配本部数を多く指定してもらい、出版社から取次にその部数を配本するよう依頼することもあります。

これを指定配本といいます。

一方、出版社は発刊前に書店に新刊案内を郵送したり、営業担当者が個別に書店を訪問したりして売り込みをかけます。ここで新聞やテレビ番組で取り上げられる予定などの情報があったり、出版社がさまざまな仕掛けで強力にプッシュしている本はある程度売れそうだとわかるのですが、そうでない場合は、書店担当者の感性と目利きぶりが問われることになります。内容はどうか、話題性はあるか、過去にあった類書の売れ行きはどうだったか、広告はどの程度打たれるのか、発売前にお客さまから問い合わせがなかったか——さまざまなことを考慮して、「これは売れる」と担当者が判断すれば、指定配本で多めに入荷されるよう手配するわけです。

出版社の担当者が来店している場合は、直接依頼をしますが、新刊案内が送られてきただけのときなどは、よく「こういう理由でこの本は売れるはずなので、ぜひたくさん指定配本して下さい」といった手紙を出版社に書きました。出版社としても書店から手紙が来るというのはかなりインパクトがあるようで、それで希望に近い部数を上乗せしてもらったこともあります。特に女性社員に手紙を書いてもらうと効果的だったような気もするのですが……。

■出版社と良好な関係を結ぶ

書店によっては独自に仕入部のような部署を設け、一括して仕入れを行っているところもありますが、ジュンク堂は基本的に現場の担当者に仕入れを任せています。担当者は毎日実際に売り場でお客さまからの問い合わせなども直接聞けるため、そのナマの感覚を仕入れに反映させられるのは大きなメリットだと考えています。

指定配本ができなかったり、予想以上に反響が大きかったりして、もっと部数がほしい場合には、配本直後に出版社に電話を入れ、営業部で手持ちにしている分から追加配本をもらうようにします。こうした一冊一冊の積み重ねが、売る書店への道につながっていくのです。ちなみにこの出版社の手持ち分というのは、緊急時などに対応するためのもので、そう部数はないので、その確保は書店の早い者勝ちということになります。

いずれにせよ、書店の担当者は普段から出版社の営業担当者とコミュニケーションを密接に取らなければなりません。お互い持ちつ持たれつで、良好な関係であればあるほど、本の売り上げは伸びていきます。

先ほどもちょっと触れましたが、よく売れる本については、重版分を確保することも売る書店にするための大事な仕事です。出版社は新刊を配本した後、書店の売れ行きを電話やオンラインで調査する等して、重版するかどうかの判断をします。しかし予想以上に早いスピードで売れてしまった場合などは、在庫が追いつかず、書店では重版分が入ってくるまで店頭に本がない空白期間ができてしまうことがあります。

その間にお客さまから注文があれば予約という形で受けられるのですが、問題は問い合わせだけがたくさんあるような場合です。というのも、これだけ問い合わせがあるのだからと重版分をたくさん仕入れても、一旦品切れを起こして店頭から消えた本は、意外にパタッと売れ行きが止まってしまうことも少なくないからです。

そんな場合、売れ残った本が数か月後に山ほど出版社に返品されることになります。書店としても売り損じは痛いですが、出版社にとっても重版のタイミング、部数などの判断は非常に重要な決定事項ということになります。

■書店と出版社の綱引き

先に紹介したスーパー系列書店の店長が言うことには一理あります。新刊にせよベストセラーにせよ、いわゆる売れる本を書店が確保するのは、なかなか簡単にはいかないのです。今でも一部の書店では潜在的にやっていることかもしれませんが、特にベストセラーについては、本当にほしい部数にプラスαして水増し注文をする、などという話を聞いたこともあります。とにかく書店としては売れているうちにたくさん売りたいわけで、極端に言えば、他の書店が品切れになり、出版社にも在庫がなくて重版待ちをしているときに、自分の店が潤沢に在庫を抱えていれば有利になるのは当然です。

一方、出版社の側からすれば、書店の要望に百パーセント応えた部数を重版してしまって、売れ行きがパッタリ止まってしまっては、たまったものではありません。ですから後日の返品を減らすために、出来るだけ必要最低限の部数ずつ、こまめに重版をするわけです。当然、書店の注文数から、ある程度減数して出荷することになります。このあたりに、あらかじめ減数を見越して水増し注文が行われる理由があります。

また、新刊にせよ重版にせよ、その七十パーセント近くはトーハン、日販という業界最大手の取次二社に分配され、ジュンク堂が取引をしている大阪屋など、その他の取次にはわずかしか回されないという事情もあります。

オープン当初、売れ行きのいいある本がなかなか入荷できず、出版社に懇願の電話を入れたところ、「大阪屋さんにもある程度配本していますので、そういったことは取次に言ってください。どうしてもというのでしたら、数日後の他書店の返品分を待って送ることしかできません」とつれない返事だったこともありました。

さすがに今ではジュンク堂の知名度も上がってきましたのでこういうことは少なくなりましたが、中小型店では相変わらず売れている本の獲得は非常に困難な状態が続いています。

なかなか本が入って来ないある書店では、出版社が客注分を優先して出荷することから、社員やアルバイトの住所氏名を使って、客注を装って注文を出したりしていたようです。しかし今では出版社が抜き取りで客注のお客さまに電話で確認をするなど、一冊の本の販売をめぐる攻防はめまぐるしいものがあります。

書店は一冊でも多く売りたい、出版社は効率よく配本して一冊でも返品を減らしたいというせめぎあいなのです。

■出版社の重版のサイクルを読む

書店として重版本を確保する上で大切なのは、出版社ごとの重版サイクル、状況をよく把握しておくことです。注文を出したところ、品切れ中で短冊と呼ばれる注文書だけが戻ってきた場合、どれぐらいで重版が出来上がってくるのか、書店の担当者はノウハウとして知っていなければなりません。このあたりにかかる日数は、出版社によってまちまちなのです。逆に言うと、この重版サイクルを読んで、タイミングを見計らって注文を出すことが大事なのです。

一度注文を出して品切れ中の返事が返ってきた場合、再度注文を出すわけですが、短冊ですと相手の出版社の手元に届くまで時間がかかります。それで売るタイミングを逃しそうな時、特に動きの激しいベストセラーでは、ほとんど出版社に電話を入れ、重版予定を聞いて注文を出すことになります。とはいえ出版社のほとんどは東京にありますので、神戸からの電話代もバカにはなりません。本の利幅を考えれば、ほとんど純益が飛んでしまいそうなこともありますが、それでも重版の入荷が飛んでしまうことの方が恐ろしいのです。お客さまには、この電話で得た情報をもとに、「○月○日に重版分が入荷します」と伝え、お名前と連絡先を伺って、入荷次第電話し、売り上げにつなげていきます。売れない店は、どうもこのあたりのフォローが足らず、「売り切れです」で終わってしまっている場合が多いようです。

売れなくなった本は取次経由で出版社に返品しますが、その時全部は返さず、一冊は棚に入れて残すこともあります。いずれにせよ返品には決断が要りますが、担当者が慣れていないと、なかなか思い切った判断ができず、あれもこれも残して棚やストックが溢れかえることになりかねません。後々それがたまると、売れない本ばかりが店頭に並び、返品しようにも返品期限切れの、いわゆる「しょたれ」となって、売れない書店になってしまいます。

■併売をうまく機能させる

ベストセラーなど、重版本の話が長くなってしまいましたが、やはり新刊をいかに売るかというのも、売る書店になるための重要なポイントです。書店では、図書館の分類のように本を並べていては売り上げにはつながりません。あくまでお客さまの購買意欲をそそるような売り場の構成、ジャンル分けを考えます。本によっては、売れそうだと考えられる複数のジャンルの棚に積んで、併売をすることもよくあります。

その場合、親になるジャンルを担当同士で決め、親が対出版社の一括した注文窓口となり、子は親から本をもらうという形をとっています。

オープン当初、このあたりがうまくいかず、もっと併売できるジャンルがあるのに売り損じをしたり、親が出版社に追加注文している一方で子が返品してしまうという、次元の低い失敗をよくしていました。

こうした失敗を教えてくれるのはたいてい出版社の営業担当者で、「A書店では五か所併売していて、このジャンルで最もよく売れているのに、お宅ではそのジャンルで積んでいない」などと指摘されたりしました。彼らは自社の新刊が売れないと困るわけで、全国各地の書店でどういう売れ方をしているのか、またどういう層のお客さまが買っているのかなどを、情報として訪問した書店に伝え、販売促進をするわけです。

いずれにせよ、よく売る書店は、こうした「併売がうまく機能している」という共通点があります。

また、この本は自分の店で必ず売れると目をつけた本については、重点販売対象の商品として取り上げることもあります。関連するジャンルはもちろんのこと、あちこちに表紙を見せて棚に立てたりして売っていきます。ただし先述したようにジュンク堂には全体を統括する仕入部がなく、担当同士の打ち合わせに委ねていますので、必ずしも店全体で重点販売する方法が成果を挙げているとは言えない部分もあります。そのかわりと言ってはなんですが、棚差しで品揃えを充実させることには力を入れています。

■出版社によっては〝持ち出し〟も

一方、大型企画商品などの場合には、出版社の側が特に力を入れ、社をあげて売り込みをはかることもあります。すなわち、出版社の役員クラスが直接取次や書店の本部や仕入部に乗り込み、販売促進にあたるのです。

通常、出版社は書店が自社の本を一冊売るといくらというような報奨金制度を設けているのですが、こうした時にはそれにプラスして特別報奨金を奮発し、そのかわり書店には返品しない約束で本を買い切る契約にします。こうすることによって、出版社は返品のリスクを考慮せずに部数を読むことができるようになるわけです。これは書店としてはなかなか厳しい取引条件なのですが、日頃から無理なお願いをしたりしてお世話になっている出版社へのお礼という気持ちもありますし、次にまたベストセラーが出たときに優遇して配本してほしいという願いなども込めて、注文を出します。

全国の他の書店と比較して、自分の店の面子も保たなければならないため、ある程度の部数を計上したいのですが、万一売れ残っても返品がきかない商品なので、そこはいつも頭を悩ませるところです。出版社との付き合いの度合いにより、特別報奨金を食いつぶし、利益もある程度放出して、ご祝儀的に売れる見込み以上の部数で注文を出すこともあります。

企画商品のうち、単価のわりと高いものは、事前予約を取るためにお客さまにも声をかけていきたいのですが、ジュンク堂のような大型店のレジカウンターはいつも超繁忙なのでなかなかゆっくりとできません。むしろ地方の中小規模の書店の中に驚くような数の事前注文を取っているところがあります。これはたいてい外商が強い店で、企画商品を買ってくれそうなお客さまのところへ、出版社の営業担当者と一緒に巡回し、予約を取っているのです。出版社はこういう数字を、「○○書店様××部予約獲得！」と大見出しで全国の書店にＦＡＸし、ハッパをかけるわけです。

ジュンク堂では、店で売れる企画ものはある程度売れましたが、外商向けの商品はあまり多くを期待できませんでした。というのも、ジュンク堂の外商の取引先は、大学図書館や神戸市関係が大部分で、職域がほとんどないからです。職域の取引は、私用で雑誌を一冊、二冊という注文が多く、採算が合わないので、回避してきたのです。そのかわり、図書館に向く本については、抜群の実績を上げられたのではと自負しています。

最近は不景気で、出版社は大型の企画ものの出版を手控えているところがあります。よってこれまで外商に依存してきた中小書店には苦しい時代だと言えると思います。店売に力を入れようにも、新刊やベストセラーは思うように入ってきません。大型店は外商と店売のバランスがうまく機能していますし、先述したように大型企画には買い切ってでも参加する体力もあります。よってますます売れる本の配本も十分確保できるというサイクルになっています。結果的に、店の規模が売れる店、売れない店に直結する傾向は強まってきています。

■社員に負担のかかるノルマは受けない

ときに出版社は、会社の面子をかけて、全社一丸となって売りまくる商品を出すことがあります。たとえば多くの出版社は得意とするジャンルをもっているのですが、そのジャンルに他社が新刊企画をぶつけてきたような場合、プライドからも、生き残りの戦略からも、絶対に負けられません。そんな時には、あえて競合するような本を出版して、大攻勢をかけるわけです。大型企画以外にも、定価が手頃な辞書や実用書、美術書などで、特に力を入れて販売する商品を出すこともあります。

こういうケースでも、やはり出版社の役員クラスが書店オーナーのところへ直談判にやってきます。そしてたいていの場合、「これくらいの部数は売っていただけるものと考えています……」と、期待ともノルマとも受け取れる販売部数を要請します。書店経営者としては、出版社との付き合いもあり、結局引き受けることが多いのですが、現場の社員としては苦労することも多いのが現実です。

本という商品は、ノルマを課せられて売ることがなかなか難しいからです。他書店では、この手の本を社員が親戚や知人に買ってくれと頼み込んでいるところもあります。しかし一度ならともかく、そう何度も買わせるわけにはいかず、最後は泣く泣く自腹を切ったりしているようです。

しかしジュンク堂では、基本的にこういったことはしていません。社長は常々、「外売商品は外商で、店売商品は店頭で売ることに専念する。雑誌の量販はキクヤ図書販売に任せ、ジュンク堂の店売は専門書を売る」とポリシーを明言しており、関連会社を含めて、おのおのの役割分担を決めています。過去二十五年間の歴史を振り返って、雑誌で一誌、企画もので二つだけ社員が協力したことがありましたが、その時も社長は社員に無理やり押しつけるようなことはしませんでした。このあたりの、「社員が負担になるようなことはしない」という社長の理念にはいつも感心させられます。

■常備寄託をフルに活用する

新刊やベストセラーを充実させることと同時に、売る書店となるためのもうひとつの大きな柱が常備寄託という制度です。これは、既刊書、売れ行き良好書を中心に出版社がセット組みをした相当冊数の本を一括して仕入れるしくみです。本が先に入荷されて代金の支払いは一年後でよいため、当面の資金なしで大量の品揃えが可能になり、書店にとっては非常にありがたい制度と言うことができます。これをうまく活用できるかどうかも、売る書店と売れない書店を分けるポイントになります。ジュンク堂でも、もちろん常備をフルに活用しています。

常備寄託は、出版社ごとに一年に一度商品の入れ替えが行われます。たいていの出版社で六月から八月にこの作業が集中するので、現場は大変ですが、書店の担当者にとっては商品知識の向上につながるいい機会とも言えます。また何らかの事情で売りっぱなしで欠品になっていた売れ行き良好書も補充されますし、汚れた本がきれいな本に入れ替わるなど、いろいろなメリットもあります。実際、この時期には専門書の売り上げが上がる傾向が見られます。

作業をスムーズにするため、通常、常備に入る本の品目は、冊数の多いものから比較的小規模なものまでいくつかのメニューを出版社側で組んできて、その中から書店が選択するようになっています。ちょっと意地悪な言い方をすると、出版社は売れない本と売れる本をセット組みにし、なんとかたくさん自社の本を書店の棚に並べようとします。出版社の倉庫に眠っていても本は絶対に売れないので、少しでも「店頭在庫」の数を増やしたいわけです。

しかし書店としては、売れない本をセットに入れられても、困るだけです。棚のスペースには限りがありますから、できれば売れる本だけを並べたいというのが正直なところなのです。出版社の営業担当者に話を聞くと、常備で入れたはずの商品が棚にない書店も少なくないようです。

そんなこともあって、最近では、常備の入れ替えを二年に一度にしたり、セット組みをやめて、単品ごとに書店に常備品目を選択させる出版社も増えています。

しかし、書店にとって、常備がたくさん入っているというのはひとつのステータスでもあります。特にジュンク堂は、専門書を中心にしっかりした品揃えをしていることでお客さまの信頼を得ている部分がありますので、新刊以外にも常備商品を充実させ、しっかり売っていくことに力を入れています。そうして実績をつくっていくと、ますます常備のランクが上がり、品揃えが良くなっていくという好循環が生まれるのです。

■書店はあくまでサービス業

ここまで、本という商品の側面から、売る書店と売れない書店について述べてきましたが、最後にもうひとつ、非常に大きな別の側面についても指摘しておきたいと思います。それは、書店の従業員の質、言い換えれば接客の質ということです。いくら品揃えが良くても、接客が悪いためまったく売り上げが伸びない書店の例はいくらでもあります。

二十五年前のジュンク堂オープン当時、この業界でよく言われていたのは、「本屋はお客さまに余計なことをしゃべるな」ということでした。たしかに書店は知的、文化的な商売というイメージがあり、カウンターにいる人は何となく偉そうで、売ってやっているという横柄な感じがする店も多かったように思います。しかし、ジュンク堂ではそういう考え方はとらず、あくまで接客業、サービス業の基本を大事にして営業を続けてきました。

ジュンク堂は品揃えの充実をセールスポイントにしているので、他の書店で目当ての本が見つからなかったお客さまが、ここなら見つかるだろうと期待してたくさんご来店になります。新聞や雑誌の切り抜き、その他さまざまな情報から本をお探しのお客さまもよくおいでになります。平日の夕方や土曜、日曜などは、レジカウンターの前で支払いを待つお客さまの列ができているところで、突然横からお問い合わせの声がかかったりして、かなり混乱することもあります。しかしどんな時にも、「いらっしゃいませ」等の六大用語を使って応対するよう指示しています。もっとも、頭ではわかっていても、あまりの忙しさに顔がひきつってしまうこともありますが。

具体的に書名などがある程度はっきりしている問い合わせについては、現在ではパソコンで簡単に検索をすることができます。かつては分厚い総目録で調べたものですが、お客さまから見てもパソコンで調べてくれた方がはるかにスマート、スピーディーで、書店に対する信頼度が増したように感じます。もっとも、パソコンで本の存在が確認できても、実際にその本を探してお客さまに差し出せなければ意味がありません。そこから先は担当者の商品知識が問われることになります。

ジュンク堂では、ひとまずどんな問い合わせも受けて、専門ごとの担当者に振ることにしています。「書名は忘れてしまったのだが、こんな内容で、最近○○新聞に取り上げられた……」といったような問い合わせでも、経験豊富な書店員はすぐに棚に走って、目当ての本をお客さまにお渡しできるものです。そんな時に、お客さまに「ありがとう！」とかけていただく声が、書店員にとっては最大の喜びであり、また誇りでもあるのです。

■「悪いこと」はすぐに伝染する

逆に、オープン以来ずっとジュンク堂を贔屓にして下さっているお客さまほど、店員がちょっとでもおかしな応対をすると、厳しく指摘し、叱責されます。店に一人でも応対の悪い者がいると、お客さまの口コミで、「あんな店には二度と行かない方がいいよ」という評判が百人に伝わってしまうと考えなければなりません。

ジュンク堂では、お客さまにも一目で店員の名前がわかるよう、大きな名札をつけるようにしています。ですから、「応対が悪い」という苦情があった場合には、まずは誰が応対したのか、お客さまご本人や周囲の店員に状況を聞いて調べます。当事者がわかったら、直属の上司が、なぜクレームになったのか、原因をはっきりさせながら、徹底的に注意と指導をします。特に経験の浅い若い店員には、具体的に問題点を指摘することが大事です。みんなで気持ちのよい応対をしましょう、というスローガンだけでは、状況は良くなりません。監督者は常に目を光らせ、気づいたことがあったら、カウンターの外へ出してすぐに注意をするようにしています。私語が多いなどというのは最低のレベルですが、同じことを二度注意しなければならないような者は、店売不適格として排除するぐらいの覚悟が必要です。さもないと、悪い応対が当たり前という空気が伝染してしまうからです。「悪いこと」は、すぐに伝染します。

一方で、応対の良い店員が一人いると、その人が手本、目標となって、全体のレベルがアップすることもよくあります。私の経験では、こうしたすばらしい応対を身につけ、指導も上手なのは、ほとんどが女性です。そういった意味でも、女性の管理職が多いジュンク堂は有利なのではと考えています。

■学生は接客業のアルバイトを

余談になりますが、私は大学主催の企業説明会で話をするとき、学生たちに「今のうちに接客のアルバイトを経験しておくといいですよ」とよく言いました。たとえば入社試験の面接で、緊張のあまり言葉に詰まったり、おもわず軽率な言葉遣いが出てしまったり、臨機応変に考えをまとめて的確に伝えることができなかったりする学生が目立ちますが、こうした点を解決する能力を養うには、接客業、小売業のアルバイトが一番いいのではないかと思います。

売る書店にするためには、その他にも、ケース・カバー・ハトロン紙をこまめに取り替えて美本を揃える、売れている本や話題の本にはアクセントをつけて並べる、店内はきれいにし、空調やBGMにも気をつかうなど、様々な工夫が必要です。要は、書店で働く者が、ただ単に物を売るだけの物販業ではなく、文化教育事業に携わっているというプライドをもち、なおかつそのうえで自分はサービス業に従事しているのだとしっかりと自覚しているかどうかが、売る書店、売れない書店の分かれ道になるような気がしています。

第5章 返品、このやっかいなもの

■返品をめぐる攻防

本や雑誌は、委託販売が基本となっていて、岩波書店を始めとするごくごく一部の出版社の刊行物が買い切りとなっています。

とはいえ委託でも、書籍は一〇〇日以内、雑誌は一か月以内に取次に返品しなければ、受け取りを拒否されます。出版社が受け取らない返品を書店から受けてしまうと取次は困り果てます。

ここ数年の返品の増大は出版社の経営を圧迫しており、また取次も、わずか八%のマージンでは追いつかないほど返品作業に追われ、その作業コストの上昇に頭を悩ませています。

書店には毎朝大量の送本がありますが、大型店以外は欲しい本が満足に入って来ず、毎月の支払いをにらんで必死になっていらない本の返品作業に精を出します。

数年前のことですが、自宅の近所のバス停のすぐそばでタバコとクリーニングの取次をしている人から「雑誌を中心にした本を置きたいのだが」と相談があり、二次取次を紹介したことがあります。

それから三か月ほどして「どうですか」と様子を見に行ったところ、「どんどん本が入ってくるけど、なんでもかんでも送りつけてくるという感じ。最初はわからないからゆっくり構えていたけれど、請求書を見てびっくり。それからは返品作業に追われる毎日で、本を扱うのがどれだけ大変かわかりましたよ」と、がっかりしたように、また訴えるようにわたしに話してくれました。

それからさらに一年後、外から様子を見たところ、もう雑誌を始めとした本は跡形もなくなっていました。

取次は書店へ本を送品することで売り上げとなります。その売り上げを伸ばすためには書店への送品の量を増やさなければなりません。送品する本が売れようが売れまいが、とにかく一方的に送りつけられて困るのは書店、特に中規模以下の書店です。

大型店の場合は「うちの店にはそぐわない本です」と取次にピシャリと言って、即返品できますし、以後はそうした本の送品は減っていく傾向になっていきますが（とはいえ、それでもよく注意していないと送りつけられてきます）、中小書店はそうもいきません。いきおい、毎日返品作業に追われるわけです。

取次は、会社が損をしないためのシステムを組み、さらにそうした社員教育を徹底していますので、書店サイドは取次が起こす送品伝票の冊数や掛率をたんねんにチェックする必要があります。

取次が手っとり早く売上げを増やす方法として、新規に出店した書店に本を送るという手段があります。小型の新規店で、取次から送品されるセットの内容が、まるで古本屋に置いてあったのではないかと思われるような汚れた本ばかり、ということがあるのは、他の書店から返品されたものを転送しているからでしょう。

また取次は、夏休みやクリスマス用に、セットを組んだりしますが、大型店にとっては品揃えの面ではあまり魅力はありません。そんなセットの一部が、返品の再利用でもあるからです。

取次は書店からの返品には自分たちが損を被らないよう、注意を怠りません。出版社が期限切れ商品の返品を受け取ってくれれば問題ないのですが、入帖を拒否された場合、迅速に書店へ逆送しなければ、不良在庫を取次が抱え込んでしまうことになるからです。

大阪屋はオープンして数年間、この返品作業が遅れがちで、お互いに困ったことがありましたが、現在は逆送も迅速になり、返品入帖処理もスムーズになりました。

トーハンは逆送品は迅速に書店に戻しますが、全体の返品量が多いせいなのか、入帖が非常に遅く、手間取っているようです。

書店にとっては返品の入帖を迅速にして、送品した金額から差し引いてもらわないと、資金繰りにも影響することになります。

■頭が痛い「しょたれ本」対策

とくにジュンク堂で問題となるのは、六〇万～一〇〇万冊の本の返品期限の管理です。担当者の商品管理次第では、会社の損失となる「しょたれ」が発生します。よくあることですが、まだ売れると見込んで出版社に無理を言って送ってもらった本が、パタッと売れなくなってしまって、返すに返せなくなり、それでもなんとか売ろうと努力しても売れずそのままズルズルと月日が経過してしまったものや、思いがけなく倉庫の隅にあった年度版等、結局は担当者の商品管理のミスで「しょたれ」は発生します。

返品期限の過ぎたものは、取次や出版社に返品しても、入帖されずに取次から書店に逆送されます。この逆送品には逆送理由が「年度版」「旧定価」「出版社倒産」「本が古いし汚損が激しい」などと書かれてあります。

経験を積んだ担当者などは、逆送された本の出版社の営業担当者が店にやってくると、今まで本が残ってしまった経緯を説明して、なんとか特別に返品の許可を得ようとがんばります。

出版社の返品承諾の権限は、ほとんど書店を訪問している営業担当者がもっていますが、こういった逆送品の場合は「上司に相談してみます」という回答が多くなります。

時には営業担当者がその場で「なんとかしましょう。返品伝票にこの私の名刺を添付して返品してください」と言ってくれることもあります。その名刺は水戸黄門の「葵の御門」となって、取次は返品入帖をしてくれます。また、「常備の入替えの時に一緒に返品してください」と言われれば、次の常備入替えの際、忘れないように返品します。

「上司と相談」の場合は、後日担当者が連絡をくれますが、歩安入帖か、その出版社の売れ筋商品とのバーターか、あるいは「やはり返品は受け取れません」のいずれかとなります。

ジュンク堂がセンター街に店をオープンした四～五年後のころと現在を比べてみると、出版社の返品の対応がかなり変化してきたことに気づきます。

ジュンク堂がどんな店か見たこともなく、また実際にどれくらい売るのか未知数のころは、いくら電話で返品をお願いしても「無理です」の回答が多く、やっとのことでかなりの歩安入帖をしてくれる程度でした。

しかしジュンク堂が全国展開をするようになってからは、なんとかしようという配慮がこちらにも伝わってきて、営業担当者もやりくりしてくれるようになりました。

外売に強い中型店は、以前、企画ものがよく売れていたころは、出版社も営業面を考えて「しょたれ」の交渉もわりとスムーズに処理できましたが、現状はかなりきびしくなっていると思われます。

■注文も返品も棚担当者の責任で

前述したようにジュンク堂は仕入れ部がありませんので、出版社の営業員にとって仕入れの権限をもっている棚の担当者が販売促進のターゲットです。出版社が力を入れている企画があれば、直接社長に会って内容の説明をしますが、決してそこで注文を出したり受けたりするようなことはしません。注文を出すのはあくまで棚担当者であり、条件等も含めて、その結果の責任はすべて棚担当者が負います。

ジュンク堂はこのところの出店ラッシュのため人事異動が頻繁となり、充分な引継ぎができずに異動することもあるため、在庫の管理がますます重要となってきました。返品しなければならない商品がそのまま放置されているのに新任者が気づき、あわてて旧担当者に連絡をとっても期日がたっているためにらちがあかない、などというケースもありました。

棚担当者は「仕入れができる」という大きなやりがいをもつ反面、仕入れた商品を徹底的に管理するという大きな責任も負っているわけす。

外商の大学テキストの返品交渉に東京の専門書の版元を回ることは、返品をめぐる諸問題を実際に学ぶ、とてもいい機会と言えるでしょう。

大学テキストは年度版なので、出版社は返品を言い出されるとあからさまに不快な顔をします。しかし外商の営業にも言い分もあるのです。テキストは大学の「見込み注文」なので、返品が発生したのは自分の責任ではなく、大学側の「見込み違い」によるものだからです。

この見込み違いが、一五〇冊の注文に対して十冊くらいなら返品交渉もしやすいのですが四十冊も見込み違いが出た場合は、交渉のしようがありません。その出版社が人文会とか歴史懇談会といった会に所属していればまだ話しもしやすいのですが、そうでない場合は大変です。

「いくらジュンク堂といっても、売ってくれることと返品は別の話で、うちはごく小人数でやっている小さな出版社で、見込み違いでしたと、わずかでも返品されると利益が飛んでしまう」と、きつい言葉が返ってきます。

そして、大学名、学部名、仕入冊数等をチェックされます。東京で行われる特約店の感謝会などの翌日に大手や準大手の出版社を表敬訪問すると歓待していただけますが、返品のことで訪問するとそれとは正反対の対応をされて、この業界のきびしさを何度も実感させられました。

■「金融返品」が書店をつぶす

本の売れ行きが落ち、資金繰りが苦しくなってしまい、支払いを減らすために必要以上の返品をする書店も増えてきています。

ジュンク堂でも以前、棚の下にあるストック箱を片っ端からチェックして、取次の当月返品入帖締切り時刻を聞いてまでして、余分に抱えている在庫品をたくさん返品したこともありました。ただしその際でもジュンク堂は、お客さまには一切ご迷惑をおかけしなかったと自負していますが、「金融返品」をせざるを得ない切迫した状況の書店のなかには、返品する商品をきちんと選ぶ余裕もなく、平積商品を中心にごっそりと返品してしまうところもあります。そうなれば、棚が悲惨な状況になるのは目に見えています。そして、そんな書店からは、お客は去っていきます。

返品をめぐる状況は、現在の出版不況と、出版業界のいびつな構造を象徴するものです。そして書店員は今日も、書店の生死を司る「返品作業」という「日常業務」に汗を流しているのです。

第6章
神戸児童殺傷事件と『フォーカス』

■『フォーカス』論争とジュンク堂

写真週刊誌の草分け『フォーカス』が、二〇〇一年、ついに休刊になりました。『フォーカス』といえば、創刊号を手にしたとき、発行元の新潮社のイメージとかけ離れた内容に驚いたことを思い出します。というのも、新潮社といえば、文芸書のジャンルで業界ナンバーワンを自負している出版社という印象があったからです。しかし新潮社は、『フォーカス』が昇り調子の頃、莫大な利益を上げたはずです。当時、新潮社が文芸書の新刊を次々に出したり、それほど大きな売り上げを期待しにくい硬い個人文学全集の刊行を続けてきたのも、そうした背景もあったのではないかと思います。

ジュンク堂と『フォーカス』と言えば、何といっても一九九七年の神戸児童殺傷事件のときのことを思い出します。この事件が起きたとき、『フォーカス』は逮捕された中学生少年の顔写真を載せ、少年法の精神などとの関連で大きな論議を巻き起こしました。結局『フォーカス』は社会的な批判を浴び、当局が掲載号の回収を勧告するという騒ぎとなったのですが、ジュンク堂では問題の『フォーカス』を店頭で売っていたため、版元の新潮社同様、やはり新聞や教育関係者などからずいぶん非難を受けたのです。

当時のジュンク堂では、通常の週刊誌は、駅売店や周囲の書店との関係もあり、五部のみ置くことになっていました。しかしこの号は、地元神戸の事件で関心も高いということで、取次と雑誌担当が相談し、いつもの十倍の部数が配本されてきました。しかし発売日の朝には、マスコミの報道で『フォーカス』に逮捕された少年の顔写真が載っていることを知ったお客さんが店に押し寄せ、あっという間に売り切れてしまいました。それでもさらに、『フォーカス』をぜひ買いたいというお客さんが次々にやって来るので、客注として受け付け、対応していました。

■新聞社から取材が

そうこうするうち、十一時半頃になって、ある新聞社から「今週号の『フォーカス』を販売しているこことについてのコメントがほしい」という電話が入りました。「他の書店では売らないようにしているのに、ジュンク堂ではなぜ売っているのか」というのです。

私は、「なぜ売ってはいけないのですか」と逆に記者に質問しました。すると「少年法というものがあって、逮捕された少年の人権は守られなくてはいけない。それなのに、彼の顔写真が載っている雑誌を店頭に並べるのはどういうことなのか」とのことでした。ところが、これは後でわかったことなのですが、神戸市内の書店では、表面的には『フォーカス』を売っていないようにみせかけ、問い合わせがあったお客さんにのみ販売するようにしていたようなのです。

私はその記者の質問に対し、こう答えました。「戦時中でもあるまいし、検閲して、一介の本屋が〝この本は売っていい、この本は売ってはいけない〟と勝手に決めつけるわけにはいかないでしょう。現にうちの店には、自殺の方法の本とか、思想的に超過激といっていい本もたくさん置いてあります。何ならここに来て、どの本は売ってよくて、どの本は売ってはいけないかを教えてもらえませんか。信頼できる出版社が出版して、取次から『フォーカス』が送品されてきた以上、店頭に積んで売ります。平積みしている『フォーカス』を買うか買わないか、それはお客さんが決めることとです」。

記者はさらに「それでは、ジュンク堂では『フォーカス』を店頭に積んで売っている、と記事にしてもいいのですね」と念を押すような言い方をしてきたので、「好きなようにして下さい」と言って電話を切りました。憲法で保障されている「表現の自由」と「少年法」との板ばさみです。

翌日の朝刊には、早速、「ジュンク堂では児童殺傷事件の逮捕少年の顔写真が載った『フォーカス』を販売している」という記事が出ました。するとこれを読んだお客さんがお店に殺到し、次々に『フォーカス』を注文していかれました。あまりにも注文の数が多いので、念のため新潮社に部数が確保できるか確認しなければならないほどでした。というのも、雑誌は書籍と違い、いくら売れ行きが良くても重版をすることはめったにありません。客注を受けたはいいものの、もし重版なりで版元が対応してくれなければ、お客さんに商品を渡すことができず、クレームになってしまうのです。新潮社からは、とにかく客注は大丈夫との返事があったので一安心したのですが、結局入荷した重版分はほとんど客注にまわさざるを得ない部数でしたので、新たに店頭に積んで販売することはできませんでした。

■お得意さまと取引き停止に

ところが問題はこれだけでは終わりませんでした。先述の新聞記事が出た数日後、取引のある神戸市内の大学の図書館長から、「ジュンク堂はなぜ問題の『フォーカス』を売るのか。即日販売を停止してほしい」という電話が名指しで入ったのです。たまたま年頭に外商部長の代わりに新年の挨拶に伺い、お会いして話をした館長だったので、私のことを覚えていて電話をしてきたようでした。

私が新聞記者に話したのと同じことを言ったところ、「それはあなた個人の考えではなく、会社の方針ですか」と、やや傲慢な口調でさらに聞いてきます。「そうです」と答えると、「それでは私どもの方針と違うので、おたくとの取引は今日限りにします。これからは別の書店から本を入れることにします」と一方的に言われてしまいました。私も電話を受けながら、その大学との取引額の大きさが気になったのですが、いまさら「ちょっと待って下さい。それは困ります」とも言えず、「方針は変わりません。仕方がありませんね」と答えて電話を切りました。

さっそく外商の担当者に問い合わせたところ、その大学はそれまでずいぶんたくさんジュンク堂から本を買ってくれていて、外商部全体で見てもかなり上位の取引先だということでした。経緯を説明し、取引き停止になったことを伝えると、担当者は絶句してしまいました。

三年後、その館長が異動になると同時に、新しい館長から取引再開の話がありました。どうやら前任の館長は、個人の見解でジュンク堂との取引を停止したようでした。

地方都市神戸で起きた事件は、瞬く間に日本中の話題をさらうニュースとなっていきました。それに伴うようにジュンク堂の客注は増えつづけ、結果的に件の『フォーカス』の売り上げ部数は、全国でもトップクラスとなったのでした。

第7章 万引きとの戦い

■書店にとって永遠の宿敵

語源辞典で「万引き」をひいてみると、江戸時代から用例が見られ、そもそもは「間引き」から転じたもので、物と物のすき間を意味する「間」に「ん」がついて「まんびき」となり、「万引き」は当て字とのことです。この万引き、書店にとっては永遠の宿敵とも言える存在なのです。

もっとも私の場合、小売りは初めての経験でしたので、ジュンク堂のオープン当初は万引きという言葉もピンと来ず、世の中にはそんなに悪い人はいないのではないか、と漠然と考えていたところがありました。しかし開店から二か月ほどした後、面識もない須磨の本屋のおかみさんから電話をもらい、愕然としました。「ジュンク堂は、なんぼでも万引きできる店だと評判になっているから気をつけたほうがいいよ。ガードマンなんか、どないしてはるの?」と言うのです。

さあ大変だ、と早速朝礼で皆に注意を促しましたが、いかんせん具体的にどういう対策をとればいいのか、私を含めてわかりません。とりあえずすぐ専門の警備会社と契約したところ、多い日には六、七件もの万引きが発見されました。犯人も小・中・高の生徒から大学生、社会人まで多岐にわたることがわかりました。派遣されてきた警備員はトップクラスのようで、いろいろ興味深いノウハウも教えてくれました。

警備員は私服でお客さんを装い、朝十時から閉店まで不審者がいないか店内を巡回します。死角になる部分等は、コーナーに設置してある鏡を利用して状況を確認します。プロの目から見れば、万引き犯には独特のオーラがあり、まずは直感でピンと来るとのことでした。

現在、ジュンク堂ではほとんど自前で警備員を採用しており、その数は各店合わせると三十名近くにもなります。警備会社で契約した警備員はわずかに三名に過ぎません。というのも、警備会社の警備員の質、つまり万引き検挙率がどんどん低下し、劣悪になったからです。しかし今度は、もし誤認やトラブルになった場合には、自社、すなわち私が対応処理しなければならない分、大変なことも増えました。

万引きが最も多い時間帯は、開店直後と閉店直前で、お客さまが少ないときが狙われます。

■決して追い詰めない、許さない

不審者を発見したら、まずこっそり尾行し、本をカバンや袋に入れたことをしっかり確認してから声をかけます。その場合、けっして店の中ではなく、店の外に一歩出たあたりで、「恐れ入りますが、お支払いをお忘れではないでしょうか?」と、穏やかに、そして丁寧に声をかけなければなりません。とはいえ、こちらとしても想像以上に緊張する作業なので、ついつい相手を追い詰めるような形になりがちです。

このときの声のかけ方がうまくいかないと、相手が逆上し、やぶれかぶれでその場を逃れようとすることもしばしばあります。実際過去に何人もの警備員が暴行を受けており、非常に危険な一瞬です。そこで相手が万引きを認めたら、逃げられないよう保安室へ連れていき、本人の手でカバンの中のものを全部出させて万引きした本を確認します。時には他の店で万引きした商品が、値札がついたまま出てくる場合もあります。いわゆる万引きの「ハシゴ」です。

その後、大学生以上の大人は原則として警察へ連絡して引き渡し、高校生以下はできるだけ母親に連絡して引き取ってもらいます。いずれにせよ基本は「許さない」ということです。なぜなら、万引きは窃盗罪というれっきとした犯罪であり、さらなる悪への入り口になってしまう可能性があるからです。情で許してしまうと、「これぐらいで済んだ」と甘く見てしまい、そういう人は必ずまた万引きをしてしまうものなのです。

特に子どもへの対応は、本人の将来を考えると慎重にならざるを得ません。学校に連絡しないのは、万引きに至った要因の大きな部分が、家庭内の問題だからです。

■万引きから見える最近の子ども事情

万引きをした子どもの母親を店に呼ぶと、たいてい顔面蒼白でやってきます。しかしその先は、保安室へ入ってくるなりいきなり子どもを張り倒したり、大声で泣き崩れたり、「本代はいくらなの、払えばいいいんでしょ」と財布を取り出したり、いろいろな人がいて、育て方がよくわかります。お金を払えば済むと思っている親には、さすがに私も憤慨しました。こういう親に育てられた子どもの将来は本当に心配です。

先ほど述べた「家庭内の問題」というのにも、さまざまなものがあります。夫婦仲が悪く家にいるのが面白くないとか、自分に目を向けてくれないから、寂しさのあまり万引きをして親を困らせてみたいとか、子どもの心は複雑なようです。

最近のお母さんはパートなどで忙しく、家族の団欒も少なくなりがちで、子どもと話しをする時間が減ってきているように思います。ですから、子どもの服装や友だちなどの変化に気づいても、ついそのままにしてしまったり、また、子どもがSOS信号を出しているのに、母親が見逃してしまっているケースが増えているのではないでしょうか。

万引きの動機は、スリルをもとめて、友だちに強要されて、また衝動的に、などさまざまですが、とくに最近増えているのは「現金化するために」万引きをするケースです。小遣い欲しさに万引きをしてしまうわけです。簡単に本を買い取ってくれる新古書店が急増している現在、この傾向はますます強くなっていくはずです。

大人の場合は警察に引き渡すわけですが、暴れたり逃げたりする心配があるときは、こちらで派出所に連れていくことをせず、制服の警官に来てもらうこともあります。プロの万引き常習者は、すぐに土下座して嗚咽しながら「許してくれ」と懇願するのですが、絶対に許してもらえないとわかると、ケロッとして居直るのが特徴です。嗚咽といっても実際には泣くふりで、涙は一滴も出ていなかったりしますので、巧妙な演技にだまされないよう注意しなければなりません。

■すごむ凶暴犯

非常に凶暴な犯人もいました。専門書ばかり十五冊ほど、金額にして約五万円ほどの万引きをして捕まったのですが、店の責任者として私が立ち会うために保安室に入って行くと、見るからに遊び人風の男が足を組んで座っているのです。開口一番、「オイコラ！　お前かここの責任者は。あのな、こいつがワシが万引きした言うんや。この落とし前、どうつけるんじゃい！」と、右手でバンバン机を叩いてふんぞりかえったまま凄まれました。私は警備員に耳打ちして廊下に連れ出し、「絶対に万引きに間違いないか」と確認したところ、警備員は私の目を見て、「まったく買う気のない、間違いなく万引き犯です」と自信をもって答えてくれました。そこで私はすぐに一一〇番をし、警官の出動を要請しました。

十分ほどして二人の警官がやって来て、「前があるんと違うか」と男を追及しはじめました。男は黙り込んでしまいましたが、警官がさらに、「何回あるんやと聞いとるやろ」と語気を強めると、男は今までと別人のような弱々しい声で、「五回」と観念したように弱々しくつぶやきました。後でわかったことですが、この男は他人の住民票を手に入れ、万引きした本を古本屋に売り飛ばして遊ぶ金を手に入れる手口の、前科五犯の常習犯だったのです。

■極悪万引き犯〝ウォークマン〟

私にとって忘れることのできない万引き犯が、通称〝ウォークマン〟です。いつもイヤホンをしているところから、警備員や店員にウォークマンと呼ばれていたのですが、これほどの厄介者は後にも先にもいなかったと言っていいと思います。

ジュンク堂がウォークマンと最初に関わり合いを持ったのは、まだ震災前でした。そのときは警備員が万引きで捕まえ、警察に引き渡したのですが、初犯ということで無罪放免となりました。ところがこの男、その後も週に二、三回は三宮店に来て、万引きをする機会を窺っていたのです。

どうやら警察に引き渡したことを相当恨みに思い、何とか復讐の機会を窺っていたようでした。

実際、その後も何度か警備員に現場をおさえられたこともあったようなのですが、保安室に連れていこうとすると、その都度警備員の顔や腹に暴行を加えるのみならず、「俺を捕まえたら、もっと痛い目にあわせるからな」と威嚇をしていたのです。

警備員の仕事は、そう生産性も高いわけではなく、なかなか高い給料を支払うことが難しいのが現実です。そんなこともあり、警備員の側にも、ひどい暴行を受けてまでウォークマンを捕まえることには、どうしても積極的になれない気持ちがあったのかもしれません。うかつにも私は、そうしたウォークマンと警備員の関係を十分に把握しておらず、当時はウォークマンの顔すら知りませんでした。

事件が起きたのは震災の一年後のことでした。三宮店で、専門書中立棚の本いっぱいに、墨汁が飛び散るようにかけられているのが発見されたのです。人文関係の本で、被害総額は百万円近くに達しました。

この悪質な行為の犯人を、万引きの逆恨みの線から推測していったのですが、発見の一時間ほど前に警備員が店内でウォークマンを見かけていたことがわかりました。しかし確たる証拠があるわけでも、犯行の目撃者がいるわけでもないので、警察に申し立てても取り上げてはもらえません。

とりあえず被害届だけ出して様子を見ていたのですが、それからしばらくして、今度は明石店で同様の事件が起きてしまいました。今度の被害は約四十万円です。社長に報告したところ、「何とか犯人を捕まえられないのか。特定はできているのか」とあきれたように苦言を呈されました。ウォークマンがどこにいるかもわからず、もちろん捕まえるあてなど何もありませんでしたが、警備関係の担当者として責任を感じていた私は、思わず、「何とかして捕まえます」と答えていました。

■ウォークマンとの対決

内心、さてどうしようと思っていた私は、とりあえず生田警察署に相談に行きました。しかしそこでも以前警察に相談したときと同じことを言われ、墨汁をかけている現場を見つけるか、万引きの現行犯で検挙して、別件で墨汁の件を取り調べる方法しかないとのことでした。

次に私は、現場の確認と店長への指示のため、明石店に向かいました。明石店はビルの中に入っており、五階がコミック、児童書、文房具売り場、六階が一般書と専門書の売り場、そして返品作業所という構成になっています。六階の作業所に折り畳みイスを出して店長と話をしていたのですが、ちょっと脇に目をやると、墨汁で真っ黒になった専門書が積み上げられていました。保険も適用されませんので、これがすべてジュンク堂の損害になってしまうのです。一口に百数十万円と言っても、書店のマージンは非常に低いので、これをカバーするには相当な売り上げが必要になってきます。私の中で、あらためて怒りがこみあげてきました。

明石店の店長は、ウォークマンの顔も知っているとのことでしたので、今後厳重に注意するよう指示して、三宮店に帰ろうとしたときでした。下りのエスカレーターに向かって歩いていったところで、後ろから「来ました！　ウォークマンが来ました！」という店長の押し殺した低い声がしました。

興奮気味の店長の後に続いてあわてて引き返すと、一番奥まった専門書コーナーで、こちらを向いて薄ら笑いを浮かべながら、右へ左へわざと動いてさかんに挑発している男がいました。それが、私とウォークマンの初対面でした。年の頃なら二十五歳前後、眼光鋭く、風貌異様、身長は一七〇センチ前後ながら体つきもがっちりしていて、目が合うと何とも言えぬ気味悪さを感じさせる男です。

私は、ウォークマンとの距離を五メートルほどまでに詰めました。ウォークマンは壁面の壁沿いに平行移動し、まるで動物園の檻のなかの熊のように見えました。拳を固め、来るなら来いとばかりの態度です。私は一瞬ひるみましたが、社長と交わした約束を思い出しました。また瞬間的に、もし暴行を受けたら、おおげさに倒れて、傷害事件にすればウォークマンを警察に突き出すことができるとも考えました。

その一方で、この屈強な男に殴られたら、演技をするまでもなく病院送りかな、とも思いましたが……。

そうこうするうちに、なぜかウォークマンは階段の方へ移動しはじめました。私も三メートルまで距離を詰めて続きました。すると六階から五階へ下りる踊り場のところで、ウォークマンは突然立ち止まり、ものすごい形相で私をにらみつけました。私は思わずギョッとして、とっさに後ろを振り返ったのですが、さっきまで一緒にいたはずの店長と警備員がいません。エッと思って向こうを見ると、二人が並んでエスカレーターで五階に下りかけているところでした。三対一のつもりが一対一となり、私はいよいよ殴られる覚悟を決めました。にらみ合いは二十秒ほど続いたでしょうか、汗がどっと吹き出るのが自分でもよくわかりました。

■荒れ狂うウォークマン

しばらくするとウォークマンは再び階段をゆっくりと下り、五階の一番奥にあるコミックコーナーに向かいました。なんとなく、人目のつかないところへ私を誘っているようでした。私は緊張しながらもウォークマンを追いかけ、腕組みをしてウォークマンに正対しました。

と、その時、ウォークマンが何やら言いながら私に向かって突進してきました。明らかに興奮した様子で、「おんどれ、殺したろか！　お前の顔ははっきり覚えたからな!!」といったようなことを口走っていたように思います。ウォークマンは左手で私のネクタイをつかみながら右手で殴りかかってきたのですが、とっさにその手を振り払い、体をかわして逃げることに成功しました。五メートルの中立棚の周囲をグルグルと追い駆けっこするような形になったのですが、三回ほどまわったところでウォークマンは私めがけて金属製の文鎮を投げつけてきて、あやうく私の頭に当たりそうになりました。

次第にウォークマンは疲れたのか、追いかけてくるスピードが鈍ってきました。逆上したウォークマンは、今度はそのあたりのコミック本を手当たり次第に投げつけ、やがて平台や台車を引っ繰り返しはじめました。

私はあっけに取られて様子を見ていた店長と男子社員に「早く一一〇番、警察を呼べ！」と叫びましたが、皆、あまりのことに茫然として動けずにいました。私が「警察」という言葉を口にしたことが、ますますウォークマンを興奮させたようでした。

棚のまわりを何周したでしょうか、いつしか私とウォークマンは両端に立って再びにらみ合いの形になりました。私ももう五〇を過ぎていましたので、さすがに息も切れていましたが、スキを見てエスカレーターを転がるようにして駆け降り、すぐ近くの明石駅構内にある交番に飛び込むことに成功しました。

交番には三人の警官がいました。私はたった今起きた出来事を、以前からの経緯を交え手短に話し、すぐ一緒に来て、器物破損と私への傷害で逮捕してほしいと頼みました。しかし警官たちは、管轄が違うから生田署へ連絡してくれとか、なんだかんだと言ってなかなか腰を上げてくれません。私としては、早くしないとウォークマンが逃げてしまうという思いがあったので、かなりあせりました。とにもかくにも生田署と連絡が取れ、二人の警官を連れてやっと現場へ戻ったのはすでに十五分が経ってからでした。

もちろんウォークマンの姿はすでになく、ひっくり返った平台、台車、散乱した文具やコミックを見て、警官もようやく私が言ったことが理解できたようでした。私は本当に悔しくて、思わず「だから早く来てくれと言ったじゃないですか！」と警官に食ってかかってしまいましたが、もうどうしようもありません。「お前の顔ははっきり覚えたからな」とすごんだウォークマンの顔が思い出され、またイヤな気分になりました。

仕方がないので被害届だけ出しておこうと交番に戻り、詳しい状況を聞かれましたが、私の頭の中は、次の日に生田署に行って、どう手を打ってもらうかで一杯でした。そんなことを考えていると、ふと、怒り狂ったウォークマンが、その足で三宮店に向かい、何か仕返しをたくらむのではないかという予感めいたものが湧いてきました。早速警官の許可を取り、近所の電話ボックスに飛び込んで、三宮店でウォークマンの顔を知っているT君に明石店での騒動のことを話し、「そっちにも必ず現れると思うから、見つけたら生田署にすぐ一一〇番するように」と言って、生田署で対応に出た刑事の名前を告げて指示をしました。

その後、調書を作成するなどして、交番を出たのは夜の九時過ぎでした。その晩はウォークマンの顔が頭に浮かんできて、なかなか寝つくことができませんでした。

■ウォークマン逮捕

ところが翌朝出社してみると、T君からあっけなく「ウォークマンが逮捕されました」という報告がありました。やれやれと全身の力が抜ける思いでしたが、T君に「ありがとう、君の一一〇番のおかげだよ」と礼を言いました。T君と生田署の担当刑事から経過を聞いたところ、やはり明石店を出たウォークマンは、六時半頃に三宮店に現れ、うろうろしていたそうです。

T君の通報ですぐに刑事が駆けつけ、ウォークマンが店を出たところで持っていたカバンを開けさせたところ、すでに約三万円相当の専門書が入っており、窃盗の現行犯で逮捕に至ったとのことでした。私は内心、ウォークマンは必ず三宮店に向かうという自分の予感が的中したことで刑事気分になり、また生田署の刑事に前日の明石店での出来事を話して暴行傷害罪もつけ加えてほしいと頼みました。

その後の生田署からの取り調べ報告によると、ウォークマンは二十五歳の住所不定者、前科はなく、ジュンク堂を中心に周辺の書店で万引きしては、古本屋に持ち込んで売りさばき、その日泊まるカプセルホテル代や生活費にしていたようだとのことでした。

逮捕当日は、明石店で万引きをしようと様子をうかがっていたところ、茶色の背広の警備員（私のことです）がうろうろつきまとうので、イライラしてその男を痛い目にあわせてやろうと考え、人気のないところに引っ張りこんで半殺しにするつもりだったとも供述がありました。かつての墨汁事件についても、警備員につきまとわれて万引きができなかったときに、数回やったことを認めたとのことでした。

ウォークマンは起訴され、裁判で有罪になりましたが、執行猶予がついたため、いまだに店に現れることがあります。まだまだ警戒の手を緩めることができない、厄介者であり続けています。

■万引き誤認（？）をめぐる騒動

万引きを防ぐための警備をしていくなかで、どうしても犯行誤認騒動が起きてしまうことがあります。誤認はあってはならないことですが、なかには事実がどうだったか、なかなか判断が難しいケースもあって、対応に悩まされます。典型的な例として、こんなことがありました。

私が所用で店を空けていた日のことなので、当日の様子は報告をもとに再現します。

三宮センター街の通りから「キャー、助けて！　頭の変な人が私に言い寄って来る」と叫びながら五〇歳ぐらいの女性が一階の雑誌売り場に飛び込んで来て、大騒ぎになりました。その女性の万引きをミラーで見た警備員が、いつものように店の外で「お客さま、先ほどの文庫本はどうされましたか、お会計をお忘れではありませんか」と声をかけたところ、逃げようとしたので、さらに「バッグの中を見せてもらえませんか」と言った途端、なぜか大声を上げながら店内カウンターに戻るように駆け込んだのです。

女性はまわりに他のお客さんがいるのも気にせず、さらに「なんですって！　私がいつ万引きをしたというの？　どこにその本があるのよ」と絶叫しながら、持っていたカバンの中身をぶちまけました。すると、そこに文庫本はなく、あったのはジュンク堂のビニール袋に入った実用書で、その分のレシートもちゃんとありました。

あたかもまわりに言いふらすかのように「私を泥棒呼ばわりした」と騒ぎ続けるので、証拠もなく動揺した警備員は困ってしまい、とにかく保安室に女性を連れていこうとしました。それでも騒ぎが納まらず、万引きした現場に連れていけと言ってきかないので、とりあえず死角になっている文庫棚の方に案内したところ、この女性は不思議な行動に出たのです。

「どの本なの？　これなの？　これなの？」と言いながら、女性は手当たり次第に棚の文庫本にベタベタ触っていきます。この段階に至って、警備員は「しまった！」と感じました。女性がわざわざ店に戻ったのは、指紋のあとをたくさんつけることによって、万引きの証拠を隠蔽するためだった可能性があるからです。

あいにくその日は私だけでなく、ベテランの警備員も店にいなかったため、その後の対応は副店長と男性社員の二人に委ねられました。こうしたケースに慣れていない二人は、ただひたすら「申し訳ありません」と謝罪を繰り返しましたが、女性はけっして許そうとせず、むしろこちらの足元を見て徹底的に痛めつけるかのように罵倒を続け、「謝って済む問題ではないでしょ。後でこの店の責任者に連絡するように言っておいて！」と自宅の電話番号と捨てぜりふを残して帰っていきました。

■誤認謝罪交渉の心得

店に戻った私は、最初に万引きを発見したという警備員に詳しく事情を聞きました。彼の話によると、大きなミラーで確認したので、女性がキョロキョロしながらカバンに文庫本を入れたことについては確信をもっているとのことでした。しかし、引き続き女性が実用書棚に移動した際、バッタリと鉢合わせしてしまい、目があった女性は「しまった！」と感じたようだったこと、その後女性がさりげなく実用書を手にとってカウンターで代金を支払ったこと、また直後、他の用事で呼ばれた警備員が五分ほど女性から目を離してしまったことなどもわかってきました。

警備員はいったん現場を離れてからも女性が気になったため、センター街の通りで彼女を待ち受け、出てきたところで、迷いながらも一応声をかけたら大騒ぎになってしまったというのです。

報告を受けた私は、空白の五分間で万引きした文庫本を元の棚に戻されてしまった可能性が非常に高いことを感じ、また証拠を残さぬようわざわざ他の本にも指紋をつけてまわった手口から、万引きのプロかセミプロなのだろうと考えました。ひょっとすると、この誤認騒動をタネに、さらにことを大きくして、何かたくらんでいるかもしれないと思うと頭が痛くなりましたが、万引きそのものに何の証拠がない以上、警察に相談することもできません。しかしそんな時、たまたまこの種の事件を担当した経験がある人に会う機会があったので、アドバイスを聞いてみました。

その人が語るには、まず最初から菓子折りなど持っていっても「自分はそんなつもりではない」と言われるのがオチであること、出来る限り責任者は後方に構えて表に出ないようにし、担当から順次前面に出て交渉すること、相手は文書を書かせてこちらの責任を形に残るように仕向けるが、その手に乗ってはいけないことなどがポイントだということでした。要はできるだけ間に多くの交渉段階をつくって時間を稼ぎ、その間に相手の出方、真の要求などを探ること、けっして安易に相手に言質を与えないことが重要だというのです。

私もかつて、クレームの対応をしているなかで、その筋の怖いお兄さんに「大人の解決の仕方があるやろ」と言われた経験がありました。当時はその意味がわからず、「大人の解決とはどういうことでしょうか」と真顔で聞き返し、お兄さんに「アホ！　そんなことこのワシに訊くんかい！　おんどれワシをおちょくっとんかい！」と怒鳴られながら呆れられたのですが、さすがにその後、「大人の解決」の意味もわかってきました。はっきりと口に出すと恐喝になるので、いろいろ手を変え品を変え迫ってくるのですが、この手の追っかけ屋が最終的に要求するのは金なのです。

今回のケースで、相手が何を考えているのかははっきりとはわかりませんでしたが、少なくともこちらはそんな「大人の解決」を考えてはいないという意思をあらわすためにも、あえて菓子折りを持参して、指定された時間にその女性の自宅に向かいました。

■無益に終わった二回の訪問

同行してもらったベテラン警備員のMさんと、とにかく「不愉快な思いをさせて申し訳ありませんでした」と謝る社長の方針を再確認し、出来るだけ大きな声で「お邪魔します」と言って自分を勇気づけ、玄関のブザーを押しました。玄関に続く六畳間に通され、二人で正座して待っている間、再び不安が頭をもたげましたが、Mさんは他の警備会社を退職するにあたり私が誘って入社した優秀で経験豊富な警備員であり、かれこれ二十年もコンビを組んできた間柄だったので、多少なりとも心強く思っていました。

例の女性が出てくると、まずMさんが口火を切って、二人で額を畳にこすりつけるようにして謝りました。女性は、最初は穏やかに話を聞いていましたが、だんだん気持ちが高ぶってきたのか、「万引きに間違えられて悔しい。センター街の大通りだから近所の知っている人も見ていただろうし、うちの子どもも母親が万引き犯の噂を立てられていじめられたらなどと考えたら、ここ数日眠れない」などと語りだしました。かと思うと、「あれだけたくさん本があると大変ね。子どもが小さい頃から学習参考書を買いによく地下の売り場に行った」などと常連客であることをアピールしたり、こちらを上げたり下げたり揺さぶりをかけてきます。

話をするなかで見えてきたのは、「万引きと間違えた」という言質を取ろうとこちらを誘導していることでした。私は内心「あぶない、あぶない」と思いつつ、基本方針である不愉快な思いをさせたことへの謝罪を繰り返しました。慣れない正座で足が完全にしびれ、まったく感覚がなくなっていましたが、なんとかここを堪えなければと、モゾモゾしながら我慢しました。

夕方六時半から約二時間半が経って、ようやく「今日のところはお引き取り下さい」という話になったのですが、その時はもう立つことができず、その場でしばらく「お馬さん」のかっこうをし、しびれからの回復を待たねばならないほどでした。結局この日の話は平行線というか、要求もない代わりに成果もありませんでした。菓子折りは案の定突き返されました。

三日後に二回目の訪問をすると、今度は「親戚に弁護士がいるのでいろいろ相談している」という話が出てきました。内心「嘘ばかり言って、いよいよ脅しにかかってきたな」と思いましたが、もし本当に弁護士が出てきたら面倒なことになるなと、暗い気持ちにもなりました。この二回目、そして三回目でもこちらは謝罪を繰り返しましたが、何の進展もありませんでした。

■提示された要求

四回目の訪問時は、ちょうどご主人がいらっしゃったので、助けを求めるつもりで、同様のお詫びをしました。女性が席を外したときに、「奥様はどうしろと言われているんでしょうか」と聞いてみたのですが、おとなしそうなご主人からは、ポツリと「あれの気が済むようにしてやって下さい」という返事が返ってくるばかりでした。

普通なら、奥さんがこれだけ大騒ぎをしていたら、ご主人が出てきてもよさそうなのにと思いましたが、どうやらこういう揉め事は初めてのことではなく、他店との間にも以前に同じようなことがあり、その時は女性の思いどおりに解決したのかもしれないなという気もしてきました。というのも、以前女性が、「大きな百貨店なら、こういう場合きちっと対応する」と語っていたのを思い出したからです。

戻ってきた女性は、「このことは、お宅の社長は知っているの?」と私に聞いてきました。むろん私は経過をすべて社長に報告していましたが、女性に対しては、「とんでもない、このことがわかったら私はクビですよ。だから何度もお願いしていますように、私を助けると思ってどうかお許し下さい」と泣き落としの懇願口調で答えました。すると女性は、「大きな本屋さんなのだから、きちっと対応してくれると思っているの。だから、万引きと間違えましたという詫び状に社長の印鑑を押して出してほしい。出さないと言うのなら弁護士に相談してしかるべき手続きをします」と最後通告を突きつけてきました。

ようやく相手から要求が出されたわけですが、文書を出すことは絶対にできません。この段階で相手が何をしようとしているか、その意図はわかりましたが、この場で表立って金銭の要求をされることはありませんでした。

■さらにもとめられる万引き対策

最後の会談から三週間後、ジュンク堂あてに弁護士名で配達証明付の文書が送られてきました。開封するまでもなく、あの女性がらみの内容だとわかりましたが、あれほど何度も足を運んで頭を下げたのにと、私の頭は怒りで一杯になりました。

内容は、万引き犯と間違われたことにより、女性の名誉が著しく傷つけられたとして、慰謝料二十万円を要求する、というものでした。どこから二十万円という金額が出てきたのかわかりませんが、「フン、だから言ったでしょう」というあの女性の顔が浮かぶと、ますます腹が立ってきて、社長と相談し、反撃に出ることにしました。

今までのお詫び一辺倒の方針を転換し、万引きと思われても仕方がない行為があったこと、誠意を尽くして何度も夜遅くまでお詫びに伺ったこと、それを踏まえてもちろん慰謝料はきっぱり拒否する旨の文書を作成し、こちらも内容証明で送り返したのです。社長はこの手の知識に非常に詳しいので、私としても心強い限りでした。

それからさらに三週間ほどは、何の音沙汰もなく過ぎました。相手もいろいろ作戦を立てているのだろうし、手続き等で時間がかかっているのだろうと踏んでいましたが、約一か月したころ、ようやく、今度は例の女性から一通の封書が普通郵便で届きました。

いよいよ来たぞと覚悟して開封してみると、中に入っていたのは意外にも便箋一枚のみ。そこには、明らかに心の乱れがあらわれたなぐり書きで、ジュンク堂と私への非難中傷が展開されていました。おそらく弁護士がこちらの内容証明を読み、女性を呼んで事実確認をした結果、慰謝料は取れないと判断したのだと思います。最終的には、的を射た社長のアドバイスと、それを受けて作成した文書が、問題解決の糸口となったのでした。

現在のような不況下では、そして、それにともなうストレスの増加は、今後ますます万引きのような犯罪を増加させていくでしょう。新古書店の問題もあります。書店だけでなくすべての小売り店にとって、この万引き対策はますます大きな課題となっていくでしょう。また、先述したように、万引きの誤認はけっしてあってはならないことです。しかし、そうした店の弱みをつき、悪だくみをする人もいるため、話はなかなか複雑なのです。

第8章

詐欺事件

■現金商売ならではの詐欺事件

二十五年間、書店の仕事に関わりましたが、その間には店頭でさまざまなことが起こりました。現金商売ならではの詐欺事件にも、何度か遭遇してしまいました。

書店の売場担当者は、本という商品の知識には長けていますが、あまりに忙しいため、人を見分けることについてはなかなか余裕がないのが現実です。来店される不特定多数の方はすべてがお客さまであり、その中から悪事をたくらむ人を見極めるのは至難の技と言わなければなりません。だいたい一日三時間ぐらいずつレジカウンターに入りますが、騙されないようにと言っていても、どうしても日常業務に追われてしまうのです。最初に応対した者が、「あれ？　何か変だな」と気がつけば、その後は店長などに引き継いで被害を防ぐことができるのですが、なかなかそうもいかないのです。

ここでは印象的な三つの詐欺事件について述べてみます。

■店の対応を見すかした釣銭詐欺

一つ目は、釣銭詐欺事件です。

ある日、一見ごく普通の、年齢五十歳前後の男性が、一階の雑誌売場レジカウンターに来て、六三〇円の雑誌の上に千円を置いて差し出しました。雑誌カウンターは書店の中でも最も混雑するところなのですが、その時はピークが過ぎ、順番を待つお客さまはいない状態でした。

応対をしていた女性アルバイトが現金千円を受け取り、レジケースに仕舞い込んで、お釣りを出そうとした時に、その男性客が「〇〇出版から出ている△△という本はあるかな」と尋ねてきました。

カウンターにはもう一人アルバイトが入っていたので、女性アルバイトは釣銭を渡さないままの状態で、その本を棚に探しに行きました。しかし見つからなかったため、「お待たせして申し訳ありませんでした。あいにく売り切れてしまったようです」と男性客に答えました。そして、さきほどの雑誌について打ち出したままのレシートを見直し、お釣りのコインをトレーに入れて、

「千円のお預かりで、三七〇円のお返しでございます」と差し出したところ、その男性客がいきなり、「エッ？　さっき一万円渡したんだけど」と言いだしたのです。

お客さまから預かった金額をレジ打ちしておけば、お釣りの金額が印字されますので簡単に確認できるのですが、なにしろ頻度が激しいので、お預かりした金額を打って印字されるまでの数秒間、お客さまをさらに待たせてしまうことから、レジ打ちはしていません。応対した者がよく確認をするよう、日頃から指導を徹底しています。

女性アルバイトもその通りにしたわけですが、逆に言えば、この男性客は、店員ではなくアルバイトがレジを打っていること、周囲に他のお客さまがいないこと、レジに金額を印字していないことをあたかも見はからったかのようにクレームをつけてきたのでした。

まずいことに女性アルバイトは、この時つい「千円お預かりしたのですが……」とやや自信なさそうに応答してしまいました。すると男性客は一気に高圧的になり、「何言うてるんや！　一万円確かに渡したやないか！」と怒鳴りだしました。

もしここで社員がそばにいれば、「申し訳ございません、夜のレジ精算で、九千円の誤差が出ましたらご連絡させていただきますので、お客さまのお電話番号を用紙にご記入いただけますか」といった対処法もあったのですが、あいにく皆他のフロアに行ってしまって不在でした。

まだ経験の浅かった女性アルバイトは、自分としては確かに千円を受け取った記憶があったものの、事態がだんだん大げさになっていくことに動揺してしまい、思わず一万円からのお釣りとなる九三七〇円を男性客に渡し、そのまま帰してしまったのです。

話を聞いた時は後の祭りでした。案の定、その日のレジ精算ではきっかり九千円の現金マイナスが出てしまい、釣銭詐欺に遇ったことがはっきりしました。雑誌カウンター以外は社員が交代で担当しているので、こうしたことは起こりえません。一番忙しい雑誌カウンターでタイミングをはかり、対応や様子を見ながら最後にすごむあたり、明らかに釣銭詐欺の常習犯による犯行だったと思われます。

もっともその後は前記したような対処法を徹底しているので、二度とこの手の被害はありません。怪しいと思った時は名前や電話番号を聞くと、まともなお客さまはすぐ教えて下さいますが、詐欺を狙っている者は足がつくことを恐れて逃げてしまうからです。

■敵ながら鮮やか、外国人両替詐欺

二つ目にご紹介するのは、外国人による両替詐欺です。最近も、尼崎や加古川でチェンジ詐欺と呼ばれる事件の新聞記事がありました。こうした報道があると、ジュンク堂でも一九九九年の二月頃にまんまとしてやられた苦い思い出がよみがえってきます。それはまるで手品師のような早業でした。

一階の雑誌カウンターにやってきたのは、中央アジア系の外国人と思われる、親子連れを装った男女と子どもの三人連れでした。

まず立派なあご髭をはやした男性が雑誌をレジに差し出し、同時に女性と子どもがカウンターから離れ、別の雑誌の棚の方へ移動をしました。すると男性は、ズボンのポケットから一万円札を取り出し、カウンターの中にいた者に「チェンジ、チェンジ」と話しかけてきました。

この時カウンターの中で応対をしていたのは、大学三回生の男性アルバイトでした。とっさに妙なことを言われたので、「チェンジ?」と首をかしげると、男性はさらに、「イエス、チェンジ、ナンバーF」と繰り返します。アルバイトが、おそらく両替をしてくれと言っているのだろうと思い、その一万円札を受け取って千円札を数えはじめると、男性は気色ばんで、「ノー、ノー！エフ、エフ！」と叫び、一万円札を取り返さんばかりに何かジェスチャーをしました。

よく見ると、男性は一万円札のナンバーの箇所を指さし、「ナンバーF」と早口で言っているようでした。アルバイトは不思議に思いながらも、Fのナンバーが入っている一万円札と交換してくれと解釈するしかないと考えました。そこでレジのキャッシュボックスの中に入っていた数十枚の一万円札を取り出し、ナンバーFのものを探しはじめました。

すると男性は、さも急いでいるかのような様子で、自分が見るからというように手招きをするので、アルバイトは誘い込まれるように、うかつにもその一万円の札束をそのまま男に手渡してしまったのです。

男性はパラパラと一万円札をめくり、ナンバーFの札を探す素振りを見せました。そして目当てのものがあったかのように「ＯＫ」と一言を残して、札束をアルバイトに返し、一緒に来ていた女性と子どもを連れてさっさと店から立ち去りました。この間わずか数秒の出来事でした。

閉店後にレジを精算してみると、なんと二十三万円も足りません。どう考えても、あのアジア系の男性が札束を手にした瞬間に抜き取ったとしか考えられませんでした。アルバイトも、札束を返された時に、なんとなく変な感じがしたことは自覚していたのですが、現場ではその瞬間はまったく事態を把握できなかったとのことでした。しかし恐らく、例の女性と子どもが注意をひいている隙に、すりとられたのでしょう。感心している場合ではありませんが、ものの見事にやられてしまいました。

■店の弱みにつけこんだ図書券詐欺

だまされっぱなしの話が二つ続きましたが、三つ目は何とか回収に成功した図書券詐欺のケースです。これは暑い夏の出来事で、最終的に私も深く関わることになったので、余計強烈に印象に残っています。

日曜日の忙しい午後三時頃、三十代半ばぐらいの男性が三宮店にやって来て、市の教育関係の部署名が入った公務員の名刺を差し出しました。男が言うには、「図書券を七万円分欲しい。どうしても今日中に必要なので、今もらって帰りたい。支払いはいつものように伝票を起こしてもらって、この名刺をつけて外商にまわしてもらいたいんだけど」とのことでした。

最初に応対した者は、以前外商を担当したことがある男性社員のA君に名刺を渡して、事情を話し、引き継ぎました。A君は、名刺に記された男性の職場が、確かにかつてジュンク堂外商部と取り引きがあったことを記憶していました。念のために現在の外商担当者に確認しようとしたのですが、日曜は休みであることを思い出し、その旨を男性に伝えようとしました。

しかし男性は、「図書券は原則として外商部の人が取り引き先に届けることになっているんでしたよね。私もそれは知っていますし、無理を承知で頼んでいるんです。でも、どうしても今持っていかないといけないことになりまして。なんとか特別にお願いできませんか」と、なおも食い下がってきました。

図書券は金券に相当しますから、外商がらみのお客さまには取り引き先に配達することになっており、それ以外のお客さまには、たとえどのような形で注文があっても、店に来てもらって、現金との引き換えでなければお渡ししないのが大原則です。しかしこの男性は、ジュンク堂の外商システムを熟知しており、公務員の名刺も持っていました。もしここでルール通りに対応して申し込みを断った場合、「融通をきかせてもらえなかった」と、今後の外商の売り上げに悪影響が出る危険性もあるのではないか……A君はこう考えてしまいました。

書店は他業種と違い、値引きサービスができませんので、外商もお得意様には多少無理な注文にも気持ち良く応えることでしか、自社の評価を上げることができません。ましてA君は自らの経験から、そのあたりの外商の苦労をよく理解していました。

結局A君は、さんざん迷った末、この男の言うことを信用することにしました。伝票を起こし、受け取りのサインをもらった上で、七万円分の図書券を渡したわけです。その代わりに、翌日の月曜日にすぐに外商に電話して、こうしたイレギュラーな一件があったことを報告しました。

ここで外商から、その取引先にすぐ確認の電話を入れておけばまだ良かったのですが、市の関係には非常にたくさんの方から多様な注文があるため、担当者もついそれほどの関心を持たず、対応が遅れてしまいました。

■元の職場の名刺を悪用

これが詐欺事件として発覚したのは数か月後のことでした。

ジュンク堂では、外商のお客さまへの請求は当然毎月行っていますが、何らかの事情で未収になっている場合の再請求は、事務処理の煩雑化や入れ違いを避けるために、五か月分ほどをコンピュータ管理してまとめて行うようにしています。そこでチェックをかけたところ、この三宮店での出来事のちょうど一か月後の日曜日、今度はサンパル店で、同一人物と思われる男性が、やはり同じような申し出の仕方で三万円分の図書券を持ち帰っていることがわかりました。

不審に思った担当者が、納品のついでにこの男性の職場の事務担当者にたずねたところ、なんと、彼はかつて確かに在籍していたが、すでに退職した人物だというのです。さらに詳しく聞いたところ、男性が退職したのは、三宮店で七万円分の図書券をだまし取った直前だったことがわかってきました。

すなわち、男性は、かつて公務員として勤務していた当時の名刺を悪用し、詐欺行為を働いたわけです。

報告を受けたジュンク堂の外商部長は、さっそくこの職場の、かつて男性の上司だった人物に抗議し、代金の支払いを求めましたが、返答は、「部署として図書券を発注した事実はないし、受け取ってもいない。辞めた人間がやったことについて、こちらでは一切関知しないし、支払いの責任もない」というつれないものでした。

困り果てた部長から私のところに話が来たのは、その後のことです。私はかつて、外商の未収金の回収の経験がありましたので、何とか知恵を貸してくれとのことでした。

事情を聞いた私は、店側の対応のまずさを苦々しく感じつつも、あまりに悪質な手口の犯行に、それ以上の憤りではらわたが煮えくりかえる思いがしました。

そこで、まずは手始めに、外商部長も訪問したという男のかつての勤務先に出向きました。応対に出てきた四十代後半のおとなしそうな元上司は、やはり「退職後のことなので一切関知しない」という同じ回答を繰り返すばかりでした。業を煮やした私は「あくまでそう言い張るなら、市の元職員が、退職したにもかかわらず、在職当時の名刺を悪用して詐欺を働いたと、マスコミに連絡しますよ」と揺さぶりをかけてみました。しかし、「それは困る」の一点張りで、話は一向に進展しません。

仕方がなく、こちらで直接男性のところへ出向いて回収をはかるしかないと判断し、現住所等を教えてくれるよう要請したところ、元上司は明らかにホッとした表情を浮かべ、早速部下を呼んで男性の連絡先を調べるよう指示を出しました。

それを待つ間、重苦しい空気から解放されたせいなのか、元上司は件の男性についてぽつりぽつりと語りだしました。その話によると、同僚にもお金を借りたままで、また退職間際にはサラ金業者から職場にも取り立ての電話が入り、問いただしたこともあったとのことでした。どうやら詐欺に遭ったジュンク堂のみならず、辞めた後まであちこちに迷惑をかけ、対応に苦慮しているという口ぶりでした。

■あっさりと詐欺を認めた犯人

早速、私はその足で、教えてもらった男性の自宅に向かいました。そこは車で三十分ほど走った住宅地の中の一軒家でした。インターホンを押してみましたが、応答はなく、人の気配もありません。こうなったら帰宅するところを待ち伏せするしかないと思い、社名入りのバンを目立たない場所に駐車し直して、近くの野原の大きな石に座り、張り込むことにしました。

待っている間、いったいどんな男だろうとか、どのように話を進めようとか、さまざまな考えが胸を駆けめぐりました。おそらく支払う現金は持っていないだろうとか、先々公正証書を作成することにして、とりあえず今日のところは念書を取っておこうとか、念書の文面はどうしたらいいだろうとか、それも不調なら男性の両親から回収をはからなければならないかもとか、面倒な手続きまでシミュレーションしていました。

五時間ほどが経過したでしょうか。ようやく一人の男性が家の前に立ち、鍵を取り出そうとする様子を確認することができました。私はあわてて飛び出して、男性のもとに駆け寄り、刑事のような口調で「ジュンク堂書店の者ですが、○○さんですね」と名刺の名前を言ったところ、男性は意外にもおとなしく、観念したかのように小さな声で、「そうです」と言ってうつむきました。すでに午後十時を過ぎていましたから、周囲は真っ暗で、顔はよく見えません。いずれにせよ立ち話もできないので、とりあえず逃げられないように男性の片腕をしっかりつかみ、駐めておいた車まで連れていって、助手席に乗せ、近くの喫茶店に連れ出すことにしました。

喫茶店で、あらためて男性と対峙してみると、とても詐欺をするような、根っからの悪党とは思えない顔つきをしていました。それでも、もししらばっくれたりしたら言い争いも辞さないつもりでしたが、事実関係を追及したところ、あっさりと七万円と三万円の二件の図書券詐欺を認めたので、やや拍子抜けでした。

男は三十二歳独身、両親は和歌山の方で仕事をしており、週に一回程度帰宅するのみで、事実上弟と二人暮らしをしているとのことで、世話役をしている子供会の企画の賞品として図書券が必要になり、発注のシステムをよく知っているジュンク堂でつい詐欺をしてしまったとすらすら答えます。しかし、十万円の支払いについては、退職後、生活費にも困っている状態で、すぐには返せない、ただし父親に借りて少しずつでも払うとの返答でした。

私としても、とりあえずこの場でこれ以上話をしても進展はないと判断し、翌日午前十時にジュンク堂外商部に必ず出頭する旨の念書を取り交わして、引き上げることにしました。もちろん、出頭しない場合は告訴する用意があることも付け加えておきました。

■罪を罪で贖おうとして逮捕

翌日、男性は確かに午前十時に外商にやって来ましたが、持ってきたのは印鑑一個で、返済すべき現金は一銭も用意していませんでした。こういった場合、申し訳ないことをしたという反省の心があれば、どんな額でも多少は返済金を持ってくるのが常識的な感覚というものだと思います。

男性を問い詰めると、両親が帰宅しなかったのでお金を借りられなかった、明日には必ず戻るので、話をして明後日かならず支払うとのことでしたが、正直なところ私は不信感がぬぐえませんでした。しかしないものはないので、もう一度、今度は明後日全額を支払うこと、支払いがない場合は告訴をするという念書と約束を交わし、強く念を押して帰すしかありませんでした。

約束の月曜日、指定の時間になっても、案の定男性は現れませんでした。もちろん、いくら待っても電話の一本もありません。ある程度予想していた事態でしたが、私は本当に頭に来て、こうなったら男性の両親に直談判するしかないと準備をしていた時です。ある社員が私のところに駆け込んできて、興奮気味に、「あの男が新聞に出ています」と夕刊を差し出しました。

あわてて紙面を見ると、小さな記事でしたが、「ビール券詐欺で逮捕」という見出しと、例の男性の名前が目に飛び込んできました。

その記事によれば、「今朝十時半頃、市内の酒店に現れた男がビール券を十三万円分注文し、請求は差し出した名刺の役所へするように言った。不審に思った店主がその役所にすぐ電話で確認をとったところ、男はすでに退職していることがわかったので、詐欺を働こうとした疑いがあると考え、一一〇番通報をし、男は緊急逮捕された。男は容疑を認めており、暑いのでビールが飲みたかったと言っている」とのことでした。

記事を読んだ私は、一瞬にしてすべてを理解しました。男性は、ジュンク堂に支払う十万円プラス、当面の生活費三万円を騙し取ろうとして、今度はビール券に目をつけ、酒屋に行ったわけです。首尾よくビール券をせしめることができれば、金券ショップで売りさばいて現金化するいつもの手口を考えていたのでしょうが、店主の機転でその前に足がついてしまったようでした。追い詰められたとはいえ、何とも幼稚な発想に、怒りを通り越して呆れ果ててしまいました。しかも言うにこと欠いて、「暑いのでビールを飲みたかった」とは、まったくなんとふざけた言いぐさだろうとも思いました。実はこの男はうちの店でも詐欺を働いているのですが、と警察に電話してやろうかとも考えましたが、まずは早く十万円を回収することが先だと思い直し、予定通り男性の父親の元に行くことにしました。父親の対応次第で、その先のことを考えても遅くはないと判断したわけです。

■悪質犯が増えた詐欺事件

確実に帰宅しているだろう夜まで待って、男性の自宅を再訪したところ、父親は和歌山から帰宅したところでした。息子の事件については当然警察から連絡が行っているはずなので、あえてそのことには触れず、単刀直入に十万円の図書券詐欺についてだけ話をしました。

すると父親はあっさり、すぐに全額は無理だが、三回に分けて郵便局から振り込むと約束してくれました。こちらの説明に、一言も質問や反論をしなかったのを見ると、どうやら息子から再三借金を懇願されていたのでしょう。もはや疲れ切ったという父親の表情を見ると、思わずちょっと気の毒になりましたが、こちらも仕事なので、三分割の念書を取って、家を後にしました。

その後、父親からはきちんと振り込みがあり、十万円は無事全額回収することができました。自力で解決できたこともあり、また父親の顔にも免じて警察には一切報告しませんでしたが、私にとっては忘れられない事件となりました。

詐欺事件は、特に震災後に増えたように思います。またここ三年ほどは、不況のせいで悪質なものが目立つようになってきました。人間の汚さ、弱さ、そして哀しさに直面させられるこうした事件などに、できれば遭遇したくはないのですが、なかなかそうもいかないのがつらい現実のようです。

第9章 書店が舞台に変わる日
――サイン会あれこれ――

■サイン会は書店最大のイベント

話題性のある著者の新刊が出ると、販売促進等の目的で出版社が書店でサイン会を企画することがあります。サイン会は全国の主要都市、たとえば東京圏から、名古屋圏、大阪圏へと著者、編集担当者、営業担当者が一緒にまわることになるので、出版社にとっては結構な経費がかかりますが、書店にとっては集客力のある作家の方であれば売り上げを一気に伸ばす大きなチャンスであり、大変ありがたいものです。

通常、サイン会が行われる時間は一時間から一時間半ぐらいで、その間、著者はニコニコ笑顔で、握手に応じたり記念写真にポーズをとったりしながら、ひたすらサインペンを走らせることになります。書店のサイン会は色紙等にサインするのではなく、著書の見返しにお客さまの名前と自分の名前を書いていくわけですが、終盤に近づくにつれて、たいていの著者の方が頸肩腕症候群に患かったかのように腕の疲れ、痛みを感じるようになる肉体労働と言えます。

サイン会に先立ってはお客さまからあらかじめ参加申し込みの予約を取るのですが、それ以外に、予約なしで当日列に並ばれるお客さまもいます。よほどのことがない限り、並んでいるお客さまには全員サインをしていただけるよう努力しますが、著者が新幹線で次の会場に移動しなければならない時など、うまく人数を読んで調整をしていかないと、時間が一杯になってしまい、途中でサイン会を打ち切らざるを得ないケースも出てきます。並ぶだけ並ばされて、結局サインがもらえなかったお客さまはもちろん不愉快な思いをされますから、ここが一番気をつかう点です。

■集客大作戦

サイン会の大まかな段取りは、出版社の編集担当者が著者と相談しながら決めて、営業担当者を通じて店長に連絡が来る形になります。営業担当者や書店にとっては、当日どれぐらいお客さまが集まってくれるのか、何冊本が売れるかが気になり、相当プレッシャーを感じます。

サイン会開催が決まると、書店は主に店内での告知をしますが、出版社側でも新聞や雑誌の広告にその旨を明記して宣伝することもあります。多くの場合、サイン会は人が集まりやすい大都市圏で行われますが、書店との付き合いや、著者の地元などの事情で、地方の書店でもサイン会が開かれることもあります。出版社の営業担当者は、特にこうした時、お客さまがはたしてどれだけ集まってくれるか、ハラハラするようです。

とはいっても、前記したように、書店にとってサイン会は大変ありがたいチャンスですから、出版社から話があれば、他のイベントと重複するなどの事情がない限り、二つ返事で了解するのが普通です。何しろ著者の交通費、宿泊費、食事の手配など一切が出版社持ちで、本がたくさん売れるのですから助かります。

書店の役割は、店の中に会場を設営して場所を提供し、告知の看板、ポスター、チラシ等を二、三週間前からつくって、当日の店内放送等も含めて宣伝をすることが中心になります。また著者によっては、地元の新聞社に告知をお願いしたり、周囲の大学にポスターの掲示をお願いするような場合もあります。書店としても、大勢のお客さまに来ていただかないと、著者や出版社に申し訳ないという気持ちは当然ありますから、出来る限りの準備を尽くすわけです。

一方出版社側では、広告をたくさん出している地元の新聞社等に対し、サイン会後の著者取材を依頼するケースが多いようです。自社でお金を出して広告を打つより、新聞社側に取材という形で記事にしてもらった方がコストがかからず宣伝効果が高いので、こうしたことが行われるのです。

■著者をどうお呼びするかという大問題

サイン会に向けての準備を行う際、書店はその他にもいろいろなことを考えなければなりません。まず、サインをしてもらう本をどれぐらい確保すればいいかということがあります。サイン会当日に売れる分はもちろんですが、事前に本を買っていかれるお客さまもいらっしゃいますから、その分をトータルして部数の手配をすることが必要です。

これに関しては出版社の営業担当者とよく打ちあわせをします。営業担当者は「どこそこの書店では二〇〇冊ぐらいだったから、ジュンク堂さんは二五〇冊ぐらい用意していただければ大丈夫だと思います」といった情報をくれますが、万が一当日になって本が足りなくなったりしてはおおごとですから、多めの部数を用意することになります。

サイン会に来てくださる著者に対する細かい気遣いも重要です。たとえばサインをする時のサインペンは中太かダルマか筆か、メーカーにこだわりをもっていらっしゃる方もいます。亡くなられた開高健さんは、黒のダルママジックで豪快にサインをされる方でした。毛筆を使われるのは瀬戸内寂聴さん、渡辺淳一さん、水上勉さん、桂三枝さんなどで、どなたも見事な達筆ぶりに感動しました。また、当日サイン会前後のスケジュールを把握することと同時に、飲み物はお茶かジュースかコーヒーかなども出版社によく確認しておきます。

ちょっとおもしろいのが、著者をどう呼ぶかという問題です。告知ポスターも含め、「先生」とするか、あるいは「さんづけ」にするのか、そのあたりも出版社に聞いておくとベターです。だいたいは先生と呼べば間違いないのですが、中には先生と言われるのを嫌がる方もいらっしゃるからです。

たとえば妹尾河童さんは、最初に名刺交換をしてご挨拶をした時に、「私のことは〝河童さん〟と呼んで下さい。先生と呼ぶのは絶対ダメです」といきなりおっしゃったので、とても印象に残っています。ところが松方記念ホールで講演会とサイン会があった際、あれほど念を押されていたにもかかわらず、つい二度ほど「先生」と言ってしまい、かなり叱られてしまいました。河童さんはいつも大声でハキハキとお話をなさり、キビキビと動かれ、いかにも先生風なものですから、うっかり失敗してしまった次第です。

■書店に咲くサクラ

サイン会当日は、だいたい開始三十分前ぐらいには著者と出版社の担当者に店に入っていただいて、控室で待機してもらうようにしています。その間に社長や店長がご挨拶に伺って、談笑しつつ時間を待ちます。二、三分前に、「では、そろそろ」といった感じで会場に案内をするわけですが、会場フロアにエレベーターが止まり、両扉がスーッと開いた瞬間にどういう情景が目に飛び込んでくるかによって、サイン会の結果はだいたい予想できてしまうため、いつもドキドキします。

ここですでにかなりの人だかりができていれば、もう成功は約束されたも同然で、お客さまをかきわけながら特設テーブルに行くまで、安心感と売り上げ増の計算で内心ルンルンしています。

しかし人もまばらで、「えっ？　これから何か始まるのかな？」といったようなお客さまの視線を感じる時は、もう胃が痛くなってきて、頭の中で「サクラ」の手配を考えはじめます。

サクラとは、サインを求めるお客さまがあまりに少なく、サイン会の一時間が閑散としてしまって、著者がさらしもののようにならないよう、従業員にお客さまのふりをさせてサインをしてもらうことです。いったん仕事を中断させ、女子社員には制服から私服に着替えてもらって会場に並ばせるわけですから、大変です。

サクラには、サインをしてもらう時に、自分の名前を書いてもらわないようにしなければなりません。というのは、サクラへのサイン本は、後で回収して売り物にするので、著者に言われるまま自分の名前を入れてしまうと、それが不可能になってしまうからです。出版社の営業担当もそのあたりは心得ていて、事前にそれとなくサクラを書店側に要請することもあるようです。

サイン会の会場は、原則として売り場フロアを使用するのが原則ですが、あまりにサインを求めるお客さまの数が多い大盛況の時には、八階の会議室を会場にしたこともありました。この場合は、だいたい八階から地下まで非常階段にサイン待ちのお客さまが行列をつくるような状態になります。過去最高のお客さまが集まったのは十九年前にポップスのバンド「チューリップ」の安部俊幸さんのサイン会を行った時で、六〇〇人のファンで店が溢れかえりました。

会議室でのサイン会といえば、宮本輝さんの時、夏の暑い日に、ちょうどサイン会の時間に店内のクーラーが故障してしまい、地下フロアから急遽八階に移動していただいた時のことも思い出します。並んでいたお客さまにも八階まで来ていただかなくてはならず、みなさん汗びっしょりで謝りどおしでした。

サイン会を開催している時は、どうしても店全体がいつもと違った雰囲気になります。しかしそれとは関係なく書店を訪れるお客さまもたくさんいらっしゃいますから、その方たちに迷惑をおかけしないようにすることも考えなくてはなりません。

サインを待つお客さまの列を階段に誘導して、店内が混雑しないように注意するのもその対応のひとつです。また当日の店内放送のサイン会告知も、並んでいるお客さまが途切れそうになったりすると、ついついその頻度が激しくなってしまうのですが、あまりやりすぎると、「うるさい！　静かに本を見られないじゃないか！」と叱られてしまいます。

店内放送といえば、桂三枝さんは、すでにたくさんのお客さまが並んでいるのに、ご自身でマイクを握り、いつもの名調子で案内をして下さいました。私たちは思わず笑ってしまいましたが、やはり一部のお客さまからは苦情が出てしまいました。

また、タレントの北野誠さんのサイン会では、若いお客さまが店に殺到し、大混乱になりました。会場はあっという間に黒山の人だかりとなり、後ろの方の数人のお客さまが一目北野さんの姿を見ようと土足で新刊の平台に上がる等、もう目茶苦茶でした。

■サイン会お客さま百景

サイン会に来てくださるお客さまは、たいていがその著者の大ファンです。そのため、数十分並んで、やっとサインの順番が来たお客さまはさまざまな反応をされます。前の作品が素晴らしかったから今度の新刊も楽しみにしていますとか、テレビに出演されていましたねとか、新聞で紹介されていましたとか、話しかける方はやはり多いようです。著者も心得たもので、にこやかな表情のまま、決して手は止めずにペンを走らせながら応答をされます。

反対に、憧れの著者にやっと会えた緊張からか、真っ赤な顔で何もしゃべれないお客さまもいます。最近ではカメラ持参で、店の者を即席カメラマンにしてツーショット写真を撮られる方、著者に握手を求める方、花束など様々なプレゼントを渡される方も増えました。

先ほども触れましたが、スタートして三十分ほどしたところで、著者におしぼりや飲み物を差し入れします。変わったところでは、妹尾河童さんはミルク紅茶がお好きなので、必ずそれをお出しするようにしています。

お客さまから著者へのプレゼントは、自分で焼いたクッキーやケーキ、買ってきたチョコレートからワインなどのお酒、Tシャツ等さまざまなものがあります。たいていは折角だからと持ち帰られたり、宅急便で自宅や事務所に送られたりしますが、花束は「お世話になったお礼に」ということで店に置いていかれる方が多いので、サイン会が終わって数日はいつも殺風景な休憩室が花でいっぱいになり、華やかな雰囲気になります。

色紙にサインをしてほしいとか、新刊ではなく既刊の本にサインをしてほしいといったイレギュラーなお客さまの依頼も出版社と協議して対応しつつ、時間と行列をにらんで会を終了させていきます。著者と関係者は再び控室へ戻るわけですが、そこでは回収した整理券の枚数からお客さまの参加人数を、また売り上げの冊数を店から報告します。

この段階で著者はもうかなり疲れていらっしゃいますが、あとひと踏ん張り、サインを続けていただきます。これは当日どうしても来店できない予約客注のお客さまの分と、後日「サイン本」として店頭で販売する分ということになります。

値引きセールをできない書店にとって、サイン会は、たとえば春秋の「書店くじ」などと並んで、なかなか書店に足を運んでいただけないお客さまの足を書店に向けてもらう、営業の大きなアクセント、一大イベントだと言うことができます。しかしすべてのサイン会が大盛況で、売り上げ増に直結するとも限りません。特にジュンク堂本店のある神戸は、東京や大阪に比べると小さな都市ですので、一時間のサイン会で六十名もお客さまに来てもらえればまずまずといったところなのです。

しかしちょっと事情が違うのが、コミックの作家のサイン会です。こちらは文学系と違って、お客さまの層がマニアックな若い人に集中し、軽く二百名をオーバーするのが普通です。開始一時間ほど前から、まるで作品の中から飛び出してきたようなコスチュームに身を包んだ数人が並びはじめ、中にはサイン会の最中ずっと、作者を護衛するかのように周囲を固めている人もいます。また、リズムに乗って手拍子が鳴り響いたり、とにかく独特の盛り上がりがあるのがコミックの作家のサイン会です。

■キレてしまった扇千景さん

これまでたくさんの著者にジュンク堂に来ていただきましたが、特にいくつか、印象に残っているサイン会について述べてみます。

最初は扇千景さんです。もっともこれは、かなり苦い思い出として忘れられないケースです。扇さんのサイン会を行なったのは、一九七七年四月、産経新聞社から『泣いて笑って三時の私』

という本が刊行された時でした。これは扇さんにとって初めての著書で、また初めてのサイン会だったはずですから、おそらくご本人もよく覚えていらっしゃるのではないかと思います。

ご存じの通り、現在では扇さんは大臣まで経験された大物政治家ですが、当時はまだ国会議員になる前でした。ちょうどインスタントカメラ「写ルンです」のCMに出ていた頃で、地元神戸高校、宝塚出身の女優、お茶の間タレントとして活躍されている方という認識をもっていました。ちなみに神戸高校というのは、地元では一中と呼ばれる名門で、確かに頭脳明晰な方であることはお会いしてみてわかりました。

後でわかったことなのですが、この直後に扇さんは初めての選挙に立候補する予定があり、この本の出版やサイン会も、ある程度それをにらんだ側面があったようです。

普通、サイン会を企画する場合、出版社側も十分な宣伝告知をして、たくさんのお客さまが会場に詰めかけるよう仕掛けをするのですが、選挙の関係なのか、この時はあまりそうしたことができず、また著者である扇さん自身も、事前に誰一人知人に声をかけることをしなかったようでした。

今にしてみれば扇さんには大変失礼な話なのですが、この頃は私の方にも、サイン会の事前準備について、ほとんどノウハウがありませんでした。実は、これはジュンク堂にとっても初めてのサイン会だったのです。私は、正直、どれぐらいお客さまが来て下さるのか不安に思いながらも、店でサイン会ができるうれしさだけで話を受けてしまいました。ここに見通しの甘さがありました。

地方都市神戸では、土日や祝日の四時頃にサイン会をスタートするのが集客の上でベストなのですが、さらに悪いことにこの時は扇さんの都合で、平日の二時からの開催になってしまいました。この時間帯は店内も閑散としており、店の前のセンター街も人通りはまばらです。

実際、サイン会のフタを開けてみると、タレントを見ようという見物人が十名ぐらい集まりましたが、本を買ってくれたのは二名だけでした。出版社の営業担当者も私とともに扇さんの側についていたのですが、経験の浅い方だったため、ことの重大さに気づいたものの、青くなるばかりで具体的にどうしたらいいのかわかりません。

傍から見ていても、次第に扇さんがイライラしてくる様子がよくわかりました。あのメガネの奥のギョロッとした目と、こちらの目が合わないようヒヤヒヤしていましたが、三十分経っても、三、四人しかお客さまが来ず、ついに扇さんがキレました。「ちょっとあなたたち、何そこで突っ立ってるの！　店の前の通りにでも出て、呼び込みでもしたらどうなの！」と、ヒステリックなよく通る声で私と出版社の営業担当者を叱り飛ばしたのです。あまりの剣幕に、私はまったく声も出ませんでした。

結局その後、私はサイン会終了までの約三十分間、一階入り口で声を張り上げ呼び込みをしました。もっともこれは、扇さんと顔を突き合わせているのが嫌だったせいもあります。

ようやくサイン会が終了し、最後に扇さんに挨拶をしましたが、「フン！」という感じであしらわれてしまいました。政治家として活躍されている扇さんの、あのピリピリした態度を見るたび、今でもこのサイン会の時のことを思い出してしまいます。

■とても真摯な田中康夫さん

ちょっと違った意味で印象に残っているのは、現在長野県知事になられた田中康夫さんです。作家としてのデビュー作、河出書房新社刊の『なんとなく、クリスタル』は社会現象的な大ベストセラーとなり、ジュンク堂でも一九八〇年二月にサイン会をしていただきましたが、大盛況でした。大きな目、礼儀正しくていねいな言葉づかいではっきりしゃべる方というのが田中康夫さんの第一印象でした。

その後田中さんは、新神戸空港反対運動のリーダーとして地元の有名人となりました。ちょうどこの空港問題で神戸中が揺れていた頃、タレントの北野誠さんのサイン会を行う機会があったのですが、その数日前、ふらりと田中康夫さんが来店されました。田中さんがおっしゃるには、北野さんのサイン会に集まったお客さまから、空港反対の署名を募りたいということでした。北野さんは田中さんとともに反対運動をしている仲間なので、ぜひとの要請が社長に来たわけです。北実はジュンク堂のある商店街は、新空港は街の活性化につながるので賛成していくという方針を出していたため、この田中さんの申し出の対応にはいろいろと悩みました。結局署名活動もやっていただいたのですが、大きな混乱もなくサイン会が終了した時は、ホッと胸をなでおろしたものでした。

■ユニークだった筒井康隆さん

びっくりしたのは作家の筒井康隆さんのサイン会でした。一九八〇年五月、当時の中央公論社から『虚人たち』が出た際にお願いして、二五〇〇名分の整理券が回収され、本は三〇〇〇冊以上売れて大盛況だったのですが、問題はその前です。

開始一時間前に筒井さんが控室に到着されたとの知らせを受け、ご挨拶に伺ったところ、筒井さんの座っている椅子の後ろに出版社の人ではない三人の男性が立っているのです。すると筒井さんから、「これは筒井康隆ファンクラブのメンバーで、それぞれ会長、副会長、会計です。よろしく」といきなり紹介されてしまいました。

ジュンク堂では、通常、部外者を控室に入れることはしないようにしていましたし、事前に何の連絡もなかったので、しばし驚いていたのですが、そのうち筒井さんがそのファンクラブ幹部に指示を出しはじめました。

「今日はごくろうさん。これからはじまるサイン会に際し、次の三点に注意して、気を配ってほしい。一、お客さんとの握手は断ってほしい。二、身体に触れられないようにしてほしい。三、写真撮影もダメ。しかし、お客さんが並んでいたら、時間がかかっても必ず全員にサインをするので、その旨協力すること」

私は、こういうケースは経験したことがなかったので、どうなることかと思っていたのですが、結果的に、大勢のお客さまを相手にスムーズにサイン会を進行するにあたって、このファンクラブ幹部の三人が大きな役割を果してくれました。さすが大作家ともなると、サイン会ひとつでも独自のやり方をもっているのだなと感心した次第です。結局二時間半ほどかけて、筒井さんは一人一人に丁寧にサインをしてくださいました。読者を人一倍大切にされる姿勢は、非常に印象に残っています。

■書店員ならではの役得

その他にもサイン会の思い出はたくさんあります。いつも黒づくめの服装で来店されていた、見るからに怖そうなお兄さんが、軒上泊さんであることがわかって、直接サイン会をお願いし、実現したこともありました。三回もサイン会に来ていただき、その度にどんどんお人柄が丸くなられた気がする宮本輝さん、腰の低さが印象的な中村敦夫さん、ゲタばきで来られた灰谷健次郎さん、その他にも、遠藤周作さん、釜本邦茂さん、、倉本聡さん、谷川俊太郎さん、安部公房さん……数え上げればきりがありません。地元神戸の陳舜臣さんなどは、お会いするたびに気軽に声をかけて下さいます。

地元といえば、神戸文学賞を受賞され、今やテレビ等でも全国区の活躍をされている作家の玉岡かおるさんも忘れられません。玉岡さんは、新刊が出る度、三回も、「いつも私の本をいい場所に沢山積んで下さってありがとうございます」というお礼状を店に下さって、それがきっかけでサイン会が実現したのです。

このように、いろいろなジャンルの魅力的な方とお目にかかり、いろいろと話をさせていただく機会があるのも、書店稼業のひとつの役得だと思っています。

第10章 震災復興

――巨大な逆境をチャンスに――

■突然襲った大震災

一九九五年一月十七日、明け方、正確には午前五時四五分。

就寝中の私は突然下から突き上げるような「ド・ドーン！」という、今までに体験したことのない、大地を揺るがすような揺れに驚いて目を覚ましました。

やっと布団の中で地震であることに気づきましたが、かつて私は、松代地震で何度となく地震を体験していたことから、もう一回ぐらい余震があって、それで収まるだろうと、高をくくっていました。ところがさらに「ドドーン!!」と二～三度大きな振動が続いた時は、このまま家が壊れて下敷きになって死んでしまうのではないかという恐怖にかられ、あわてて飛び起きて着衣しようとするのですが、揺れはあまりにも激しく、二度、三度ともんどりうって転んでしまいました。

階下では、冷蔵庫が倒れて食器棚にぶつかり、中に入っている食器がメチャメチャに割れて大きな音をたてています。

外の様子を見てみようとやっとのことでカーテンを開けてみると、外はなんとも異様な、白んだ明るさが満ちています。あの、不気味な明るさは、今でも脳裏に焼きついています。

幸い家族は無事で、玄関口でいつでも逃げ出せるように、毛布をかぶって待機していました。ラジオのスイッチを入れると、M7・2の地震があり、震源地は淡路島、と伝えています。

とにかく三宮の店に行かなければと思い、急いで駅へと駆けつけると、すでに地下鉄は不通となっており、仕方なく私は自転車を持ち出して、地下鉄で二十五分の距離にある三宮めざして走り出しました。

最寄り駅の学園都市から少しでも早くと思い、南の国道2号線を避け、バイパスのトンネルを抜けて須磨の離宮公園に出ると、様子が一変しました。

家々は倒壊し、六階建ての三階部分が押しつぶされて無くなり、五階建てになってしまったマンションが見えました。電柱が乗用車に倒れかかり、電線が垂れ下がってあちこちで煙が上がり、火災が発生しています。消防車、救急車のサイレンがけたたましく鳴り響いています。

私は倒れていた老人を助けて起こし、さらに三宮へと急ぎました。出発時は「店は地下だから大丈夫だろう」という思いもありましたが「これは大変なことになった」という実感がひしひしとわいてきました。

2号線を東に向かって走り続けて、長田に入りました。

長田の光景は須磨を上回るほどの惨状でした。激しい火災があちこちで起こり、市民病院の前は救急車や病院へ出入りする人たちでごったがえしています。なにより、この病院自体も三階部分が押しつぶされ、無くなってしまっているのです。

「三階に入院していた人たちは、無事だったのだろうか……」

大開通では、道路が五十メートルにわたって陥没しており、車はまったく通れない状況です。歩道には、燃え盛る家から必死の思いで運び出された布団や衣類が山積みされ、その傍らで人々が茫然と座り込んでいます。

■まず辞書を救出しようと

四時間近くかかってようやく三宮センター街の店の前に着いたのは、午前十一時頃でした。社長もオートバイを駆って到着していました。

その時、社長とどんな言葉を交わしたのか、覚えていませんが、とにかく店の中に入ってみよ

大震災直後の三宮センター街店付近の様子

うということになり、見るも無残に倒壊したアーケードの合間をぬってなんとか入口にたどり着き、八階の管理室にある鍵を取りに、暗い階段を上っていきました。階段周辺の壁は落ち、ところどころで鉄筋が剥き出しになって大きな亀裂が走っています。

不気味な余震を感じながら、ようやく管理室にたどりつくと、泊り込みの警備員も倒れてきたロッカーで腰を打ったらしく、痛みで顔を歪めています。

やっとの思いで鍵を手にし、地下の入口のドアを開けようとするのですが、開きません。

神戸の街は山と海が近く、市街は東西に伸びているため店も東西に長く、当然、棚も東西に伸びています。そして、地震の揺れが南北方向だったため、棚から落ちた本が南に位置するこの出入口を塞いでしまっているのです。

私は扉から本が飛び出さないよう注意して、ようやく扉を開けて中へと入りました。

店内のすべての本は、棚から落ちて散乱していました。床から五センチ位、浸水している所もあります。

後にこの時の様子を広報担当に伝えたところ、彼は全国の出版社に「三宮店はプールのように水びたし……」とFAXしました。〝プールのように〟はオーバーでしたが、西側の学参売場付近は、実際に川が流れ出すように天井からどんどん水が落ちてきていたのです。

入ってすぐに向かったのは辞書売場です。単価が高い辞書類が浸水の被害に合わないよう、一冊でも多く棚に上げようとの思いからです。平台の辞書はなんとか無事でしたので、私は散乱している辞書をどんどんその上に積み上げていきました。懐中電灯が小さく、視界が狭いのでなかなか作業がはかどらずに手間取っていると、大きな揺れがたてつづけに起こり、せっかく積み上げた辞書はまたすべて床に落下してしまいました。

それまでは不思議なことにまったく恐怖心を感じていなかったのですが、この揺れでフト我に返り、危険を感じて出口へと向かいました。

■巨大な逆境をチャンスに

中の様子を社長に伝えると、サンパル店の様子を見にいこうということになり、私たちは自転車とオートバイを押して、移動しました。

幸いなことにサンパル店は三宮センター街店と比べ、活断層の関係からか被害も少なく、建物もしっかりしていました。中に入ってみると、水こそ出ていませんが、やはり棚の本はすべて落下し、棚もほとんど倒れている状態でしたが、復旧はこちらの方が早くできると判断できました。ひととおり店内の様子を把握して、ふたりで地下の警備室に行き、そこで見たテレビの画面に私は愕然としました。

今朝、私が自転車で通ったところで大きな火災が発生していました。死者の数も数分おきにどんどんふくれあがっていきます。この時初めて、私はとんでもないことが起こったのだということを実感しました。

一番売り上げの多い大黒柱の三宮店が壊滅状態となり、さらにこのサンパル店の被害も甚大です。「いったい、いつ再起できるのだろう。そのためにどれほどの労力が要るのだろう……」私は気が遠くなるような思いでした。

が、しかし、この時の社長の決意は驚くべきものでした。そしてそれこそが、ジュンク堂の第二段階への大きな原動力となったのです。

実際、この時点で私は社長と二十年近く接してきており、社長の運の強さとそれを活かしきる行動力には常々感じ入ってきたのですが、この時ばかりはその運も尽きたか、と思わずにはいられませんでした。

しかし社長は、この巨大な逆境もチャンスに変えてしまったのです。

「こんなことはたいしたことではない。戦後の動乱の時期を思えば、かえってビジネス・チャンスが広がったと思えばいいんだ。みんなで力を合わせて頑張ろう」

サンパル店を後にした社長は、悠然とこう言ってのけたのです。すでに頭の中を整理し、次のことを考え、早速その場で指示を出し始めました。

交通手段が回復するまで、出勤できる者はサンパル店に集結し、まずはサンパル店の復旧を急ぐこと。アルバイトは、社員が復旧作業に目処をつけ、ある程度見通しがたってから出勤要請をするので、それまで待機すること。その場合、できるだけ自宅から通勤しやすい店に配属するようやりくりすること。連絡本部を私の自宅に近い学園都市店とすること――。

私はまた自転車で自宅に戻り、社長の指示を各地の主管者に電話連絡しようとしましたが、自宅の電話は不通になっており、仕方なく外の公衆電話で連絡を取りました。その後再度電話連絡をとろうと、もう一度戻ったその公衆電話には長蛇の列ができており、そんな状態はその後何日も続くことになります。

■お客さまの声と三位一体の支援

センター街では地震発生の数日後、商店街で自警団が結成されました。昼の間に乗用車で下見に来ておいて、めぼしい店に深夜、トラックで乗り付けて商品を盗み出す窃盗団が横行したからです。大きな宝石店では、大量に宝石が盗まれて、甚大な被害にあいました。自警団は商店街の各店から一名ずつの当番制で、五名ほどで徹夜の警戒に当たりましたが、それはまさに社長の言う、戦後動乱期そのものと言っていい事態だったのです。

地震が発生した日の夕方から、商店主などが被害状況を確認しようと店に入り、電気のスイッチを入れたために起こる漏電による火災が頻発しだしました。三宮店から西へ約十メートルほどのところにあるトンカツ屋からも出火し、東の風が吹けば延焼は免れない状況になりました。そんな事態になったら、消防車からトン単位の水がかけられ、その水が地下の店に流れ込むのは必至で、「店内はプールのように……」が現実となってしまいます。幸いにも延焼は免れましたが、何が起こっても不思議ではない状況は、その後何日も続きました。「数日後には大きな余震が起こる」という噂も、もっともらしく語られ、人々をさらに不安に陥れました。

サンパル店の復旧作業をしていると、数人のお客さまがわざわざ立ち寄って「大変やね、頑張って！」と激励の声をかけてくださって、それは社員の大きな励みとなりました。

待機しているよう連絡を入れていたアルバイトのなかには、「家でじっとしてなんていられないので、何かすることがあったらさせてください」と、やって来てくれる者もいて、「ありがとう、それじゃ頼むよ」と手伝ってもらったりもしました。

この頃、朝昼夜の食事は、だいたいはおにぎりで、食糧には本当に困りました。わが家でもそんな食糧事情は同じで、米が底をついた時、近くのスーパーが営業を再開するというので早朝から並ぶために出掛けましたが、既に長い列ができており、午前九時の開店ではわずかの食糧をみんなが奪い合い、結局、餅一袋がようやく買えただけ。もはや事態は、戦後の動乱期どころか、戦争中、食糧の配給をみんなが奪い合っているような状況でした。水も近くの小学校に給水車が来て、バケツなどの容器で運ぶのです。

サンパル店で作業をしている時に何よりありがたかったのは、出版社の方の差し入れと、激励でした。交通はまだ大混乱が続いており、頼りはバスによる代替輸送ですが、このバスに乗るにも二時間近く並ばなければ乗ることができず、相当な忍耐を強いられる状況でした。

福知山線で北へ迂回して姫路から神戸に入るという方法もありましたが、いずれにせよ東京から震災地神戸に入るのは大変な苦労を伴いました。

にもかかわらず、リュックに水、軍手、食料品をいっぱい詰めて、出版社の方々が激励に駆けつけて来て下さいました。気持ちも体もボロボロになっていた私たちは、感激で涙を流しながら水や食糧をいただきました。

また、忘れてならないのは取次である大阪屋の支援です。大勢のアルバイトを大阪で手配し、社員も可能なかぎり神戸に送り込み、復旧作業を支援してくれました。それまで培ってきた大阪屋との絆ゆえとはいえ、いくら感謝しても感謝し足りません。

「三位一体」とは何事につけ使われる言葉ですが、まさにこの震災復興の時こそ、書店であるジュンク堂に対して、各出版社、そして大阪屋が「三位一体」となってくれたおかげで、再開が叶い、またそれが今日のジュンク堂につながっていることは間違いありません。

■アルバイトもひとりも解雇せず

このような温かい支援を得て、予想をはるかに上回るスピードでまずサンパル店が、次いで段階的にではありますが、三宮店が営業を再開することができました。しかもその間、大分店、姫路店、鹿児島店と相次いでジュンク堂は新規店をオープンさせました。

こうした作業をしながら、私は、羅災証明の取得や、アルバイトが待機していた期間、無収入になっていたためその助成金の申請手続に職業安定所に足を運んだり、またそのアルバイトたちに順次自宅に近い店へと職場復帰してもらうよう連絡を取ったりと、裏方の仕事に奔走しました。

待機しているアルバイトの復帰連絡に際して、社長は次のことを厳命しました。

「ひとりも解雇しないこと」

オープンの準備段階から、社長は私に「社員もそして継続して働いてくれているアルバイトも、できるだけ待遇は公平にしたい。社員は男女同一賃金で公平に処遇し、女子社員は結婚しても事情が許す限りそのまま仕事を継続して欲しい」と言っており、実際そうしてきました。

アルバイトのなかには家が倒壊したり身内に不幸があったり、大きな被害を受けているものがいました。もちろん社員にもそうした被災者はいましたが、今後の雇用への不安はアルバイトの方がはるかに大きいものがあります。「会社から指示があるまで待機するように」と言われても、このまま何も連絡がないかもしれない、という不安もあったはずです。ジュンク堂の被害がどれほど甚大なものか、彼らも知っているのですから。

そんなアルバイトたちに、私は順次復帰の連絡を入れていきました。私からの連絡を今か今かと待っていてくれた者がほとんどでしたが、中には地震で自宅が壊れてしまったとか、家族に怪我人が出て、看病しなければならないなどの理由で、復帰が叶わない人もいました。また「明日から来てほしい」という電話に「私よりも経済的に大変なA子さんを先に復帰させてあげて欲しい」と言う者もいました。アルバイト同士で、電話で連絡を取り合っていたのでしょう。アルバイトのみんなのあたたかい輪に、私は胸を熱くしました。

「B子さんには復帰の連絡が来たのに、私にはまだ連絡が無いのですが……」と、再雇用への不安から問い合わせの電話がかかってきたこともありました。そんなとき私は「今まで一緒にがんばってくれてきた人を、ひとりも解雇したりはしない」という社長の言葉を伝えました。

後日、震災復旧後の雇用の対応に関する問題で、そごうに紛争が起こっていることを新聞で知りました。十数年も一緒に働いてきたアルバイトを、電話一本で解雇したことで巻き起こった紛争でした。

■復旧、そしてさらに大きな前進

社長は、出版社や各方面からいただいた見舞い金の分配に際しても「公平」のポリシーを徹底させました。見舞い金の分配を「社員」「アルバイト」という雇用形態で分けるようなことはせず、自宅の「全壊」「半壊」「一部損傷」とで分類し、公平にすべて分配するよう指示が出ました。私は早速お見舞い金を袋に入れ、「工藤恭孝」の印を押して、ひとりひとりに手渡しました。お見舞い金は会社には一切入れていませんので、ひとり当たりの額はかなりのもので、社員もアルバイトも貴重な助けとなりました。

やがてアルバイトには、待機期間中、仕事ができなかった分の助成金も職業安定所から入金されはじめ、なんとか経済的なピンチを乗り越える目処が見えてきたのです。

こうして神戸を襲った巨大な災害から、ジュンク堂はようやく立ち上がりました。そして、復旧の作業を通じて、社員とアルバイトは、ジュンク堂とは、あるいは工藤社長とは何であるのかを、改めて、そして強く確認したのです。そして逆境をプラスに転化したジュンク堂は、これを機に、さらに大きな歩みを踏み出していくのです。

第11章 変貌する特約店制度と講談社の底力

■出版不況が迫った特約店制度の見直し

大手の出版社は、自社の商品をより効率よく販売するために、売り上げの大きい書店と特約店制度というものを結びます。

多くの特約店制度の仕組みは、

・ベストセラー、新企画商品の優先配本
・報奨金制度の実施

の二点が柱となっていますが、その他にも様々な優遇制度を設けています。

また、年に一回は特約店の店長および関係者を招いて、感謝会が開かれます。いわば全国で、あるいは地域ブロックで売り上げ上位を占めた成績優秀書店の表彰パーティのようなもので、夜には盛大な懇親会が開かれ、また翌日はゴルフやディズニーランド・ツアーなど楽しい企画も用意されており、書店関係者にとっては楽しみな日となっています。

また、書店にとってこうした機会は、普段あまり訪れることのできない東京の出版社に挨拶をする貴重な機会ともなり、私も大いに活用させていただきました。

返品期限の過ぎた在庫、いわゆる「しょたれ本」の返品交渉をしたり、現在ベストセラーとなっている本の重版の予定を聞いて自店への配本部数を確認したり、今後も良好な関係を保てるよう、私たちはそんな機会をフルに活用します。昼間、数社の出版社を訪ねて情報を交換し、夜は別の出版社の方と食事をする、ということも珍しいことではありません。

しかし、そんな特約店制度に大きな見直しを迫ったのが、言うまでもなくバブル崩壊後の出版不況です。まさか、と思うような大きな出版社や取次が倒産したり、また、身売りをするなど、出版をめぐる状況は厳しさを増すばかりです。

そうした状況は書店も同様です。売り上げが前年比九十%ならいいほうで、八十五%、八十%が普通というところまで落ち込んでしまいました。売り上げが落ちれば当然、経費を削減しなければならず、最初に手をつけられるのが人件費で、従業員にやめてもらってその分、店主がカバーして働き、しかも閉店時間を十時、十一時まで延長して売り上げ伸ばそうとするので、その負担は大変なものとなります。

とくに中小の書店にとって出版不況の影響は深刻です。出版社が、新刊やベストセラーなどの返品を恐れて配本の選別を厳しくし、大手の特約店には潤沢な部数を配本するものの、中小書店の配本部数を極端にしぼるようになったからです。つまり、売れ筋商品が手に入らないのです。

また、こうした状況は、これまで他業種と比較して著しく遅れていた業務のシステム化を急速に押し進めることにもなりました。出版社は自社の商品が、実際にどこで、どれくらい売れているのかを把握し、効果的な配本と増刷の設定に結びつけるようになりました。そこには、近い将来、再販制度がもし廃止されても、書店と直接取引がスムーズに行えるようにするための、書店とのパイプづくり、という側面もあります。

■「量の重視」から「質の重視」へ

そうしたことを背景に、特約店制度も大きな変化を遂げていったわけです。かつて新潮社の営業部員が「FAXのない書店とは、特約店契約は結べない」と言っていたことがありましたが、これからはオンラインで結ばれているか否かがその条件となっています。

新しい特約店契約の内容は――もちろん、出版社によって多少の違いはありますが――従来の単一的な「量」の重視から「質あるいは率」の重視への転換と言っていいでしょう。

たとえば従来は、スリップ一枚につき○○円という報奨金を一律に支払い、その合計数を評価したわけですが、新しい制度では、書店の年間売り上げまたはスリップの枚数を、前年と対比させた比率で算出し、出版社が決めた段階別の前年対比伸長率のランクに当てはめ、そのランクに該当する報奨金を支払う、というものとなっています。出版社によっては、それを部門別で設定しているところもあります。

優先配本についても、とくに緊急優先配本専用のFAX注文書を用意した出版社もあります。いくらランク別の報奨金制度が提示されても、「実弾」が書店に届かなければそれこそ「絵に描いた餅」になってしまいますので、そのための措置というわけです。

この新しい特約店制度は、それまで均一単価で支払っていた報奨金の支払いを、書店が頑張って達成した売り上げ増の、その度合いに応じて支払うわけですから、努力して実績を上げている書店にとってはとてもありがたい制度である一方、なかなか努力が実らない、あるいは努力を怠っている書店には逆にきびしい制度であるとも言えます。

しかし冷静に考えれば、これは、他業種あるいは各企業内で次々と導入されている「成果に見合った報酬支払い制度」と同じものであることがわかります。

わずかなマージンで出版業界の「小作人」と呼ばれている書店にとって、この新しい報奨金制度は、がんばっている書店ほど恩恵あるものと言えます。がんばればがんばるほど、純益が入るのですから、書店はその出版社の本を一冊でも多く売ろうと努力します。その出版社の営業部員も、そうした意識をもった書店に対する営業活動は格段にスムーズになり、季節ごとのフェアなどの取り組みも増えています。

今後こうした新しい特約店制度が加速していくと、大型店を擁する大資本の書店は、新規出店と増床により、ますます報奨金の恩恵を受けて「勝ち組」となり、また出版社も書店売り上げ全体のうちのかなりの占有率を占める「特約書店」への傾斜を、あからさまに強めていくと思われます。

■出版社と書店を結ぶ女性スタッフ

特約店制度で他の出版社より十年は先行していると思われるのが、早くから店売に注目して手を打ってきた講談社です。書店と出版社を結ぶ『マルコニュース』という媒体誌をつくり、書店員には女性が多いことから女性のスタッフを全国の特約店の販売促進担当として配備し、それを音羽の本社直轄としました。

出版社の「おじさん」と話をするよりも、女性同士の方が意志の疎通ははるかにスムーズです。彼女たちは年に二～三回、出張で店に来ますが、女性の店員たちと、全般的な本の売行きや自社商品の動き、購買層について、さらに小説なら前回の作品と比べてどうかなど、棚を前にして実にざっくばらんに話をはずませています。

仕事が一段落すると、文芸書、文庫、新書など、担当に分け隔てなく、都合の許す社員やアルバイトに声をかけて一席もうけ、「いつもありがとうございます。お疲れさま、乾杯！」と、夜遅くまでさらにコミュニケーションを深めます。

話は店の近況や周辺の書店の状況、講談社の商品がどんな動きをしているかなど多岐にわたり、社員、アルバイトと共にじっくりと語り合います。社員もアルバイトも講談社の女性スタッフの知識の豊富さ、意識の高さに、ある種憧れのような気持ちをもつと共に、自分もそんな出版界の一翼を担っているのだと改めて認識し、そうして講談社の商品を中心にして、本をもっと売る努力をしよう、と意欲を高めるのです。

そしてさらに驚くことは、こうした女性スタッフは、地域のどんな小さな書店もくまなく足を運んでいる、ということです。

講談社は現在、全国の書店のなかでも超ビッグな大型店をもつ十二の法人と特約店契約を結んでいます。現在は十二法人で（二〇〇一年）、講談社が定める独自の厳しい基準をクリアしたら声がかかりますが、今後増えるのか減るのかは、書店の営業成績次第となります。

■講談社の驚異のデータ管理能力

講談社は毎年、部門別の全店売り上げ目標金額を法人の本部と決めますが、目標を決めるにあたっては、数年前から構築されているポスシステムによって構築されたデータがその資料となります。他の出版社の多くは一年間の全店売り上げ金額の合計を前年と比較して報奨金を支払っていますが、講談社は優れたデータ管理によって、自社が目標とする前年対比伸長率をもとにして、傘下全店の部門別の目標売り上げ金額を決め、それを合計して法人の売り上げ目標金額を設定します。つまり、各店舗の部門別売り上げを講談社は完全に把握しており、そこから各店舗ごとに翌年の目標を決定し、その合計が法人全体の目標となるわけです。

各店ごとの売り上げの目標金額が部門別に明確に示されていますので、出版社から毎月郵送されてくる単品別集計データを見れば、自分が担当するジャンルの売り上げ目標金額に対する進捗状況が一目瞭然でわかります。

書店の担当者は所属長とこのデータをもとに、「あと三か月で目標の売り上げをあげるには、もっと平積みを増やしたり、コーナーをつくっていかないと達成できないな」などと、具体的な方策を考えるわけで、このデータは相当なインパクトとなります。

報奨金は、部門ごとに目標を達成すると支払われますが、全部門の目標を達成し、さらに法人目標も達成すると、びっくりするほどの金額となります。

講談社の商品をたくさん売ってくれる書店には、自社の利益を吐き出してでも、書店にがんばって売る楽しみをもってもらい、共に発展していきましょうという意識の、具体的な表れといっていいでしょう。

講談社を追って他の大手出版社も次々と特約店制度をスタートさせました。それぞれの社風や商品の傾向を反映した、独自の特約店制度となっていますが、現在の出版不況下においては、特約店制度を結んでいるとはいえ、売れている本については売り損じをしたくないのでもっと欲しいという書店サイドの要望と、返品率の上昇を恐れて配本について慎重にならざるをえない出版社サイドの思惑をどう調整するかが、最も大きな問題点となっているようです。

■書店の声を新企画に反映

また講談社は、店売対策もかなり早くから進めていました。全国の書店からピックアップしたメンバーで「未来研」という組織をつくり、さらにそのメンバーの中から外売に強い約十書店を選んで、二年の任期で「企画段階での書店の意見を聞く部会」を開催します。

この部会の出席者は、講談社側は販売を統括する役員と局長、企画ものの販売促進部長、そして未来研事務局に書店を加えた総勢二十名ほどで、会は午後一時半頃から五時過ぎまで開かれます。

そこでは売る側である講談社販売部と、外売に強い書店が、これから刊行したいと考えている編集部の企画について、編集長と営業担当から資料や原稿が添えられた企画書に基づいてじっくりと説明を受けます。

出版社は、これまではどちらかというと編集主導で企画を立て、それを実現して出版活動をしてきましたが、バブル以降消費が冷え込み、本もお客さまが本当にもとめているものでないと売れないという状況では、本のつくり手側も営業の意見や要望に耳を傾け、それに応えていかなければいけなくなっています。

出版した本が売れなかった場合、「企画した編集が悪い」とか「いや、営業がもっとしっかり売らないからだ」などと、責任のなすりあいをしている場合ではなくなってきたのです。

どんな企画だったら売れるのか、それを営業や販売部にとどまらず、お客さまとじかに接している書店からの意見も汲み上げようと、十年も前から続けているのがこの部会なのです。

また講談社はもう十年以上も前から、編集長や編集担当役員が「勉強させてください」と言って、東京から神戸に出張して、私たちの話しを聞きに来られました。早くから編集先行の姿勢を修正しようとしていたことがわかります。

この部会では約三時間半の間に三件ないし四件の企画を審査しますが、それぞれの企画の担当編集長と営業担当の二名が配付資料を持って順番に登場します。初めて俎上に乗る企画もあれば、前年、審議の際に継続議案となり、一年かけてプランを修正して再度挑戦という企画もあります。

■改めて舌を巻く講談社の底力

担当役員も同席しているこの部会で「OK」が出れば早速刊行に向けて始動できますが、却下となればその企画はボツ、泡と消えます。

審議の内容は、企画内容そのものについて、定価、装丁、さらに宣伝と、多岐にわたります。非常に厳しい意見が飛びかい、当然ですが、出席者は真剣そのものです。

編集長は自分の企画が陽の目を見るのか、それとも消えてしまうのかがこの部会にかかっていますので、営業担当と共にそれこそ顔を真っ赤にして自分たちの意見を述べます。出版のゴーサインの権限をもつ担当役員は、書店の意見を聞いたり、販売促進部長の声に耳を傾けたりしながら、自分の考えを冷淡とも思える口調でズバリと切り込みます。すると、編集長と営業担当は、また必死になって食い下がって反論します。最後には担当役員も矢面に立ってふたりと激論を交わしていきます。

読者が本当にもとめている企画でなければ、出版しても無駄である、というより、会社にマイナスの利益をもたらしてしまうという現実を見据え、だからこそ現場で読者と接している、しかも企画ものに強い書店の人間に加わってもらって、机上論で終わらない企画をつくりあげようとしているのです。

「こういう重要な会議に書店の方々が加われば、当社の三年後位までの企画を全部さらけ出してしまうことになります。しかし、今やそんなことは言っていられません」

出版の最終的な権限をもつ担当役員の方は、こう話していらっしゃいました。

また、この部会で議論された企画が商品として発売されれば、その商品の実現までの〝当事者〟である書店も、当然、一層の販売努力をすることは言うまでもありません。

なんだかいいことばかりを書いてきた講談社ですが、二十五年前のオープンから数年間は、講談社は店売のことなどまったく眼中になく、たまに営業部員が来店しても企画もののセールスをおざなりにするだけでした。

だからこそ、大出版社であるにもかかわらず、このように身軽に変貌できる講談社に、私は驚異の念を抱いてしまうのです。先に述べた企画段階で書店の声を聞く部会での、企画をはさんだらたとえ相手が役員でも自分の考えを述べて丁々発止とやりあう、あのオープンな社風も含めて、他の大手出版社にはない底力を、私は講談社に感じてなりません。

第12章
街の書店はこうやって生き残る

■時代に対応できていない出版業界

二〇〇一年度の小学館「ＤＩＭＥトレンド大賞」は、「超音波と電解水で洗おう」というキャッチフレーズで三洋電気が開発した、洗剤のいらない洗濯機が選ばれました。プールの除菌システムをヒントにして、日夜必死になって研究を重ねてヒット商品を開発したもので、電化製品もハードからソフトへ、技術革新よりライフサイクルの変化への対応を優先する時代を象徴しています。

こうした商品が開発されますと、今度は、洗剤メーカーがそうした商品への対応を迫られます。下着のメーカーも同様に対策を考えていかなければなりません。時代のトレンドは確実に変化を続けているという、好例でしょう。

ところで、書店をはじめとする出版業界は現状に対してどんな対応を考えているのでしょうか。二〇〇一年秋、読売新聞による読書週間世論調査で、「この一か月、本を読まなかった人は全体の四十六％を占める」という、活字離れを改めて思い知らされる結果が出ました。出版社の倒産は相次ぎ、また二〇〇一年末には、よもやと思われた専門書取次店の倒産が出版業界を震撼させました。

本は再販制に守られているので価格破壊こそありませんが、全国に二万店あると言われている書店も、デフレ不況によって年間約一四〇〇の書店が転・廃業に追いやられています。しかし、一方、九〇年代半ばからの大手書店の出店競争や、ジュンク堂のように、大型店をさらに増床して大型化する傾向は強まり、一書店あたりの売場面積は拡大の傾向にあります。

全国の書店の七十％は売場面積八十坪以下の中小規模店で占められていますが、先代から家業として受け継いでいるところが多く、昔は駄菓子屋と本屋は日銭も入り、長続きもするということで、商売としてはは人気があるほうでした。

ところが、駄菓子屋はコンビニに、本屋もコンビニや好立地に店を構える大型書店にお客を食われ、また最近は新古書店や漫画喫茶の出現に加えて、インターネット書店で注文して宅配で本を買うお客さまも増えつつあり、一段と苦しい状況に追い込まれています。

過去に、多業種である大手企業が書店経営を試みようとしたことがありました。ところが書店はマージンが少なく、とても採算に合わないということで参入を諦め、零細書店がほっと胸をなでおろしたものです。逆に言えば、マージンをアップすれば儲けは増えますが、そうなれば大手企業が参入してくる可能性があるわけで、どちらにしても大型店を除く書店事情は苦しい状況にあると言わなければなりません。

■取次、マージンの構造改革を

ところが、このような状況にもかかわらず、出版業界の体質は依然保守的なままです。資金面や店の規模にもよりますが、システム化にも消極的ですし、出版社も取次も同様に、他産業から比べれば設備投資をしない産業と言われています。

出版業界はこうして、委託販売で返品可能という再販制度に守られてもう五十年も過ごしてきているのです。

流通は取次がほぼ完全に主導権を握り、しかも大手のトーハンと日販で七十%近くを占める寡占状態です。

たとえば大阪屋帳合のうち、小規模書店には初版の大阪屋の配本取り分が少ないうえに、ジュンク堂をはじめとする大型書店に先取り配本されますので、中小書店の配本部数はほんのおこぼれ程度となってしまいます。

寡占状態を解消し、中小書店への配本をはかるための、トーハン、日販に次ぐ第三の取次を生み出すような構造改革が必要ではないかと思います。

また、書店の給与水準は他の出版関連業種に比べてかなり低いので、優秀な人材が集まりにくく、そのこともシステム化をはじめとした書店業界の発展と成長が妨げられている一因となっていると言っても過言ではありません。

頑張っている書店に対しては、そこで働いている書店員により希望がもてる給与が払えるよう、マージン面での構造改革も考えてもらえないものでしょうか。

私が知っているある書店の店主は、自分の引退時期を考え、息子に家業の本屋を継ぐかどうか、将来のことについて聞いたところ、親が夜遅くまで懸命に働いても、ずっと赤字の続く本屋は継ぎたくないと答えたそうです。息子の将来は息子自身の決断に委ねる心づもりで尋ねてはみたそうですが、やはりショックだったようで、彼もすでに廃業を決意したそうです。

似たような事情で本屋を廃業し、駅前という立地の良さを生かして、かつてはライバルだったコンビニやファーストフード店に商売替えをしたり、あるいは英会話などの教室や不動産屋などに賃貸しているケースも多くなっています。

ある書店主は、店を閉めても長年外売でお世話になったお客さまに迷惑をかけないようにと、また永く自分と一緒に店を支えてくれた番頭さんの労に報いるために、商売替えしたコンビニの二階の片隅にスペースをつくり、番頭さんの定年まで細々と営業を続けているそうです。

かつて書店時代にはなかなか入ってこなかった売れ筋のタレント本が、コンビニにしたとたんに山ほど入ってきて悔しいやら情けないやら、と話してくれました。

■新古書店の急増が生んだ危惧

新古書店やオンライン書店の出現も、社会の変化に応えた必然的な流れでしょう。今や新古書店は積極的に店舗展開をして店頭公開を目指す勢いですが「著作権ただ乗り商法」と批判する人もいれば、「お金を払って売り買いするれっきとして商売で、それよりも図書館こそ新刊やベストセラーを発行直後からただで貸し出すべきではない」という人もいます。

私は新古書店については、現にある古本屋をオープンにしただけのことなので商行為としては問題ないと思いますが、それよりも子どもたちが書店に並んでいる新刊を万引きして、新古書店に持ち込んだりする、その「流れ」をこそ危惧しています。

新古書店サイドでは、そのようなことのないよう充分注意しているとは思いますが、果たして完全なチェックができているのかどうか。

まだ新古書店がこれほどの勢いを得ていないころ、ジュンク堂で十冊ほど万引きした中学生を捕まえて、一体この本をどうするつもりだったか問いただしたところ、彼は古本屋へ持っていって換金すると答えました。さらに、その古本屋の店主から「もうすぐ新学期になるから辞書も待ってるよ！」と言われたと言うのです。古本屋の店主が万引きを勧めているという事実に愕然としたものですが、新古書店の拡大がそんな風潮に拍車をかけたりはしないか、そのことをこそ危惧するのです。

公共図書館や地域の学校開放図書館へ新刊やベストセラーを納品しているのは、そもそもその地域の大型店です。

最近とくに女性は、たとえ必要な本でも書店で買わなくなり、できるだけ図書館で借りて読もうとする傾向にあります。これまで業界で言われてきた「女性が買い始めるとその本は売れる」という方程式がくずれつつあるというわけです。

ネット上では、新刊やベストセラーを買って読み終えた人が、その本を別の読者に売るということが当たり前に行われていますが、こうなってくると再販制度など事実上骨抜きになりかかっているのかもしれません。

■オンライン書店がもたらす〝地域の空洞化〟

「書店に置いてない本も手に入る」というのがネット書店の利点ですが、オンライン書店は現在、出版界全体の売り上げの一%程度、将来的に十%近くになるのではないかと予測する人もいます。

専門書の初版部数は大体三〇〇〇部程度ですが、この部数だとジュンク堂の三宮店に入ってくるのはせいぜい三〜五部、ほとんどが大型書店やそのチェーン店に配本され、町の書店に入ってくることはまずありません。

中小の出版社は一点あたりの売り上げが伸びないので、売り上げを上げるには点数を出すほかなく、まさに自転車操業状態となっています。現在、年間に約七万点の新刊が発刊されていますが、これは実に毎日二〇〇点近くの新刊が書店に送りこまれていることを意味します。書店は限られたスペースに、いかに効率良く本を置くかが勝負ですが、これだけ新刊が出ると、すぐに動きのない本はいつまでも置いておくわけにはいかず、直ちに返品して次に来る新刊のスペースを捻出していかなければなりません。

こんなふうな状況で新刊の棚の入れ替えをしていると、お客さまから「先週来たときにここにあった△△という本はどこにいったんですか？」と聞かれることがあります。返品してしまったことを告げると「ジュンク堂にないなら他の店にあるわけないので、注文します。どれくらいで手に入りますか」とおっしゃるので「早くて一〜二週間、場合によっては三週間くらいかかりますが……」と申し上げると、がっかりされてしまいます。それがオンライン書店なら一週間ほどで届くわけですから、本好きの人や専門書をしっかり扱っている大型店がない地域の方々には、とりわけ便利でありがたいに違いありません。

地元のリアル書店がまったく知らない間に、周辺地域のお客さまはネットで本を注文し、宅配やコンビニで本を受け取っている……こんな事態が進行しているのです。本の世界でも〝空洞化〟が起こっているのです。

■オンライン書店を〝利用する〟

オンライン書店は今後さらに浸透していくと予想する人もいますが、私は、送料がかかること、アメリカほど車社会ではないこと、また、本というモノに対する愛情の強い日本人は、やはり本を手にとって確認したがる、などの点から、その普及にはやはり限界があるのではないかと考えています。

二〇〇一年の夏、アメリカでは地方といえるテキサス州ダラスの書店を訪れて感じたことは、アメリカ人は「書評」や書店の「お勧め」のコメントに従って、結構安易に本を買っているな、ということでした。アメリカは書店の数も少なく、自宅から書店へ、そして書店から他の書店への距離があるせいもあるでしょうし、あるいはアメリカの書評家や書店員の「質」が日本と比べて相当高いのかもしれません。

オンライン書店の「お勧め」も最近では活字の書評とは随分変わってきて、ある本を勧めると

「次はこれ」、「それに興味をもった人なら次は……」という具合に、関連書等も紹介して展開していくものが増え、それが本好きの人に好意的に受け止められているようです。

ただし、そうした人たちはまた、その「お勧め」の本を、あるいはオンライン書店から情報を得た本を、リアル書店へ出かけていって、実際に手に取って内容を確かめるケースが多いものまた事実のようです。送料を払ってまでして買い求めた本が、予想していたものと違っていたり、またレベルに差があることを恐れるということもあるのでしょうが、私はここにこそリアル書店つまり街の書店が生き残っていく、もっと言えばチャンスすらあるように思います。オンライン書店の進出を恐れるのではなく、オンライン書店という「情報」を利用するのです。

なにより書店が努めなければならないのは、訪れたお客さまがその書店の棚の前に立った時、その棚が表現している「何か」に魅かれ、そして本を手に取っていただける、そんな棚をつくることです。お客さまが何かを感じて下されば、その方は固定客となってくれるかもしれません。そうしたお客さまをひとりでも多くつくる、そのための棚づくりこそが書店員の務めです。

お客さまはさまざまな理由で書店を訪れます。何か目的の本があって、それを求めに来ることもあるでしょうし、ちょっと時間が余ったから、あるいは一日に一度は書店を訪れないと気がすまない本好きの方もいらっしゃるでしょう。そういう方たちのなかに、インターネットやオンライン書店で情報を得て、その情報を実際に自分の眼で見ようと、あるいは手に取ってみようと、リアル書店を訪れる人たちが加わったわけです。

これをチャンスととらえるべきです。

もちろん、魅力ある棚をつくるためには大変な努力が必要でしょう。新聞を読み、広告に目を通し、大型のチェーン店や、オンライン書店にも「出かける」ことが必要です。

「街の書店の人たちのなかには、新聞も読んでないのかと思うほど情報をもってなくて、つい足が遠のいてしまう」出版社の営業部員から時々耳にしたこんな言葉を言われないよう、しっかりした商品知識を身に付けることを何より優先させなければいけません。

■中小書店ならではの〝武器〟を活かす

そして何よりも街の書店には大型書店にはない大きな武器があります。それは、地域とその地域に済む人々との距離の近さです。

大型店は一見従業員が多く感じますが、売場面積を考えれば、実際は店員の数はそう多くはありません。売り上げ増がそう簡単には望めない現状では、経費削減のために最初に手を付けるのは人件費という事情はどこも変わりなく、大型店も大型店なりの「きつさ」があります。

そしてなによりもお客さまの数自体が多いので、ひとりひとりのお客さまにじっくりと丁寧に――、というよりも、お客さまの「今の要求」に迅速に対応する、悪い言葉で言えば「上手にさばく」傾向になりがちです。

探している本をカウンターで問い合わせても、事務的に「5のBの棚です」と言われるよりも、店員がお客さまをその棚にお連れして、「こちらにございます」と対応してくれるほうが、やはりお客さまはうれしいものです。

さらに、よほどの固定客でないと、大型店では店員がお客さまひとりひとりを覚えていくのは至難の技です。そして、街の中小の書店では、それが比較的可能なのです。

これは大きな武器です。この武器を活用しないてはありません。

大阪のど真ん中に、たった十五坪の売場面積でありながら、なんと月商一千万円近くの売り上げ実績を誇っている書店があります。

「隆祥館書店」というその書店では、「営業部長」の肩書をもつ娘さんは一日に二五〇人ものお客さまに声をかけ、新刊の予約や定期講読の獲得をし、さらに自分自身もよく本を読み、お客さまに「この本をお読みになったら、次はこの本がよろしいですよ」と話しかけていきます。そして、こうした会話のやりとりからお客さまひとりひとりの趣味や傾向をつかみ、固定客を増やしていくのです。

また、「社長」であるお父さんは、三〇〇〇の顧客リストを片手に、バイクに乗って配達をしながら、職域での顧客獲得に奔走しています。

自らも学び、情報を収集し、お客さまにできる限り声をかけ、お客さまひとりひとりの「情報」を蓄積し、新たな固定客を掴んでいく――。

定期講読されているお客には、同じジャンルの類書が出たときには積極的にその情報をお知らせしていくのです。その本を気に入っていただければ、今度はそのお客さまのほうから「こうした本はありますか?」と問い合わせが来るでしょう。お客さまとお店のきずなは、どんどん深まってきます。そして、そうしたお客さまをひとりずつ増やしていくのです。

■地域性を学びその住民とのコミュニケーションをはかる

こうしたことを実行していくのは、大型店では至難の技です。ましてやコンビニやインターネット書店では不可能なのです。

小さな書店のなかには、身だしなみもまったくかまわないご主人がレジの中でむっつりしている、などという光景を見かけることがありますが、それではやはりいけません。ご主人は店の顧客リストをもとに、それを連係させながら外売に力を入れるべきです。その地域の人々に相応しい商品がきっとあるはずです。

事実、美術書や実用百科ものなどの企画商品の売り上げ上位は、外売が強い街の書店が占めます。地域の人々と「顔が見える」お付き合いのあるそれらの書店には、大型店もかなわないのです。

知識や情報を蓄え、常に更新し、その地域とそこに住んでいるお客さまとしっかりとコミュニケーションをはかり、確実に本を提供していくこと、このことこそ大型店やコンビニ、オンライン書店にはできないことなのです。それさえ実行していけば各地域の書店は継続していけるはずです。大型店というデパートとオンライン書店という通販と住み分けが可能なはずです。それは本という商品を扱う書店に限らず、今後あらゆる「小売りの現場」の課題であり、望まれる在り方なのかもしれません。

■今こそ出版社がまとまるとき

最後に出版社、あるいは出版業界にお願いしたいことをいくつか書いてみたいと思います。

二十一世紀のスタートの年も、やはり書籍・雑誌の売り上げは落ち込み、これで五年連続の前年割れとなってしまいました。これまで書いてきたように、その原因は先行きの見えない不況、少子化、他の娯楽メディアの影響、インターネットや携帯電話の影響、新古書店の急成長など、いくつもあげられるでしょう。そしてこの〝出版不況〟も、現在のデフレ・スパイラルがさらに加速し、高齢者ばかりでなく若年層にも甚大な影響を及ぼすことで、より深刻なものとなっていくことが予想さます。

そろそろ出版社がまとまる時期が来ているのではないでしょうか。これまでのように「三位一体となって」うんぬんという、かけ声だけで終わるのでなく、具体的にまとまって出版不況の打開策を話し合うべきだと思うのです。

出版不況と言われながらも、二〇〇一年の新刊点数は七万点近くにも及び、これは過去最高です。つまり、売れないから新しいものをつくる、でもそれも売れずに返品されていく現実がこの数字なのです。

こんな世相を反映して「すぐに役に立つ本を」とばかりに、健康や趣味、生活等の実用書が急増しています。売れているジャンルの取り合いも激化し、自社の領域を侵されまいと、自衛のためにほとんど同じ内容の本を出版する例も多く目につきます。

かと思えば、ベストセラーには我も我もと「柳の下のドジョウ」狙いが殺到し、そんな中にはタイトルにしても眉をひそめたくなるものすらあります。自社のものを焼きなおして出版する例も多くなってきました。

一九九八年に文藝春秋が初めて参入した教養新書も、次々と他社が参入し、「新書ブーム」とも呼ばれましたが、出版社が無理矢理つくりだしたブームは続くものではありません。書店の新書の棚にも限度というものがあり、新しい新書が入ってくれば、どこかの社の新書は棚から外さなければならないのです。

ハウツーものならいざ知らず、教養新書までも「棚に残してもらわなくてもいいですから、新刊時だけでも平積みを！」と言って新しい新書シリーズを立ち上げた出版社もあるくらいで、まさにパイの取り合いです。

弱肉強食と言ってしまえばそれまでですが、こんなことをしているようでは、出版業界全体が不況の流れに押し流されていってしまうような気がしてなりません。

ぜひ出版社各社がまとまり、この出版不況の出口の光を見いだしてほしい、そして読み手の心の奥深くに浸透し、ものの見方、考え方に影響を与える魅力あふれる本を出版していってほしい

――永く本を売る現場に携わってきた私の、これが心からの願いです。

第13章 工藤恭孝社長のパワーの源

■進取の人、父・工藤淳氏

「趣味は工藤恭孝」と、冗談ぽく言ったことがあります。

そんな工藤社長と私が初めて出会ったのは、社長がまだ高校生の頃ですが、その社長のことを書く前に、まず、お父さんのことに少し触れておかなければならないでしょう。

昭和四〇年、小学館発行の『日本百科全集』全十一巻を、月賦で販売する会社「関西ブッククローン」を、父親である工藤淳氏が設立しました。

当時、百科事典は書店ではまったく売れませんでした。売れない、というより、売り方がわからなかった、と言っていいでしょう。出版元の小学館も、百科事典が時代のニーズに合う商品であることに確信は抱いていたものの、配達の手間、月賦代金の集金等がつきまとう百科事典を書店で売るのは困難と判断して、新しい販路を模索していました。

たまたま昭和二五年頃からトーハンの二次取次店として「キクヤ図書販売」を経営していた淳社長の器の大きさを早くから見抜いていたトーハン神戸支店長が「取引先にこんな人がいる」と、小学館に紹介したのがことの始まりでした。

販売を引き受けた淳社長は翌年には一万セットを売り、そしてまたたくまに五万セットの売り上げを達成してしまったのです。

そして淳社長は東京で同じ百科事典を売っていた同業者を吸収し、社名を「ブックローン」に変更して東京へと進出します。

急激に増えた顧客に対応するため、コンピュータを早くから導入して月賦の延滞金の督促システムや入金処理システムを開発し、また、セールスマンをフルコミッション制にしたり、契約した債券を自社回収するなどのユニークなシステムを次々と導入し、またそれが功を奏して、ブッククローンはまたたくまに月販業界のトップに上り詰めたのです。セールスマンも多い時には三千名を超えていました。

淳社長はいつもフチなしの眼鏡をかけ、白髪の上品な趣のする方でした。決まって夕方六時頃に、現場で荷造り作業をしている私のところにやって来て、「ごくろうさん。今日は何セット発送しましたか?」と、労をねぎらいながら、さりげなく契約者への発送状況をチェックしていました。

当時は現在のような宅配便もありませんでしたから、配送は現在とは比べものにならない重要な作業だったからです。

■現場の把握は「立ち読み」で

ジュンク堂の工藤恭孝社長がお父さんと似ているところは、いつもよく現場を見ていること、そしてどんな相手にでも感謝の言葉がすぐに出るところでしょう。

ジュンク堂の社長も、ニコニコした笑顔からいつも出る言葉が「すみません」と「申し訳ない」のふたつで、腰の低さはお父さん以上かもしれません。そしていつも感じるのが、育ちの良さ、とでもいったものです。

そして現場のことを驚くほどよく把握しており、ゆえに管理職はいい加減なことや、その場しのぎのごまかしは絶対にできません。これは社長の〝怖さ〟でもあります。

ですから、机上論におちいりやすい会議はほとんど開かず、問題などは関係者と現場で解決してしまいます。会議は昇級と賞与の内容説明をする際に、関西圏の店長だけを招集し、あとは電話で済ませてしまいます。

時間を無駄にすることを最も嫌いますので、セレモニー的要素の強い全国店長会議などもってのほかということで、開かれたことはありません。

「どうしてあれほど現場のことを把握しているのだろう?」

という疑問に対する答えは「立ち読み」です。社長がよく店内で立ち読みすることは以前にも書きましたが、一見立ち読みしているように見えても、目は店内の様子を観察し、耳からも情報を取り入れ、店のデータを収集しているのです。その集中力は驚異的といっていいでしょう。

最初に三宮センター街店がオープンした頃、店員は表敬訪問に来店された出版社の方から「社長はどちらにいらっしゃいますか?」と、よく質問をいただきましたが、みんなの答えはいつも「あそこで立ち読みしている、あの人が社長です」で、驚いている出版社の方を社長のもとに案内するのが楽しみでもありました。

開店して三か月ほどは客層を観察するため、下りエスカレーター付近で立ち読み(のフリ)をしていましたが、その後は観察したい場所にその都度移動して立ち読み(のフリ)をしています。

もちろん本当に立ち読みをするのも好きで、そんな時はコミックとか雑誌のコーナーにいるのですぐわかります。もっともそんな時でも、社長のアンテナはフル回転しているのでしょうが。

■徹底した合理化を推進

家でゆっくり本を読む時間などないはずの社長が、それこそなんでもよく知っているのは、様々な、そして実に多くの人に会って、その会話の中から情報を吸収しているからでしょう。

人と会うことについて言えば、お父さんの淳社長は「商売につながる人とは会う」が原則のようでしたが、ジュンク堂の社長はおよそどんな人でも礼を尽くして会います。「小売り」というものを意識しているところからくる違いでしょう。

お父さんの淳社長は、若いころ電気関係の仕事をしていたことがあるため、コンピュータにはとても明るく、それが「ブックローン」の発展に寄与したことは先に書きましたが、ジュンク堂の社長も他社がまごまごしている間に、あっという間にシステム化を完成させてしまいました。

これは、ふたりの大きな共通点でしょう。つまり、機械的にやれるところは、すべて文字通り機械に任せて人件費を削減し、機械でやれないことを、頭の良い、質の高い社員に任せる、ということです。

淳社長は先にも書いたように、セールスマンは固定給なしのフルコミッション制に、また配送、集金もすべて歩合制とし、私のような固定給の社員は当時ほんのわずかにいるだけという、合理的な経営哲学を実践していました。セールスマンは売れば売るだけ収入が増えていくわけで――そして実際、モノが売れる時代だったので――頑張って売り、業界トップとなったのです。

一方、ジュンク堂の社長は、売場の担当者を歩合制にこそしていませんが、考課により給与に差をつけ、売り上げを伸ばす社員には惜しまず給与をはずみますし、自前でかかえている店内警備員も、検挙金額と件数により給与の差を明確に付けています。

もちろん、考課のよい社員に上乗せした給与は、考課の悪い者の減額した給与で補われます。

■運を引き寄せる判断力と行動力

現在、ジュンク堂はこんな社長が先頭に立って出店攻勢を続けているわけですが、その社長のパワーの源をもう少し仔細に見てみたいと思います。

その第一に、私はなんと言っても社長がもっている強い運をあげたいと思います。いや、運を引き寄せる判断力と行動力のすごさ、でしょう。

ジュンク堂開店当時の神戸市は人口百万人ちょっとの、いわば地方の一都市でした。店舗の場所も、センター街に面しているとはいっても入口は狭く、しかも地下で、つまり通行人にわかりづらい立地で、書店を開業するにはリスクが大きすぎると言われていました。何度か現地を見にきたいくつかのいずれも超大型店の人は、「これではとても採算が合わない」と、こぞって契約を辞退したのです。

神戸の人は小売業にはとても厳しい目を向けますので、物販業者は神戸の街を充分理解していなければ商売は難しいとも言われています。それを熟知していた社長は、そうした立地条件でもなお、この神戸という街に相応しいグレードの高い店づくりと、徹底した専門書の充実をはかれば、勝算はあると判断したのでしょう。

店づくりには社長のセンスが存分に反映され、従来の書店が気にもとめなかったトータル・コーディネートが配慮された一号店が、全国でも有数のファッションの街、三宮センター街にオープンし、後には社長の判断が正しかったことが証明されたのです。

「ジュンク堂のコンセプト」の項で詳しく述べましたが、現在でも間口が狭いのは変わらずで「ジュンク堂がどこにあるのかわからない」という声が届きますが、他店とは明確に差別化されたジュンク堂の在り方は着実に認知され、順調に売り上げを伸ばして、以降のジュンク堂各店の大黒柱として君臨しています。出店を断った超大型店は、ほぞを噛む思いだったのではないでしょうか。あるいは、こんなにも神戸という街にフィットする書店をつくってしまった工藤社長という人間に、感心をとおりこしてあきれる思いを抱いているかもしれません。

■本音の交渉、腹の探り合い無用

サンパル店以降、ジュンク堂は次々と出店していくわけですが、社長は事前に自分でたんねんにリサーチを行い、専門書の需要があって採算がとれる目算がたてば、具体的にどういう店舗にするか、計画を進めていきます。

もちろん、書店の最も大きな固定経費となる家賃、保証金等の条件が合わなければ、絶対に無理な出店はしません。

業者には「この条件でなければ本屋はやっていけません」と、さながら書店業界を代表するかのような口調で話し、一度自分から条件を提示したら、あとは相手が新しい条件を出してくるのを待ちます。続けてこちらから連絡を取ることはありません。算盤片手に腹を探り合うような手段はまったく通用しないのです。

また、どんな業者にも過剰な条件を要求することもありません。商売が成り立つための条件を一度提示したら、あとは待つ、これが交渉の仕方の核です。

そんな交渉の結果の代表例が京都店なのかもしれません。

このように常に本音で交渉するので、相手の信頼感は増していきます。だからどんな交渉ごとでも、最終的なイエス・ノーよりも、途中の経過を大切にしますし、またそれを楽しんでいるかのような余裕が感じられます。そんな姿勢が、また運を引き寄せるのかもしれません。

■競合店の進出、そして震災を乗り越えて

しかし、そんな工藤社長の強運もこれまでかと思われたのが、三宮センター街店の向かいのビ

ルに大型店が進出してきた時でした。ジュンク堂が京都へ進出したその「お返し」とばかりに出店してきたのでしょう。

競合店の出現という事件は、私自身も初めての体験で、毎日その店を見に行きましたが、確かにディスプレイ等を多用し、売り方にもアクセントをつけたりしているので、ふらりと入ってきたお客さまは、文庫、新書、実用書等を中心にした衝動買いをされているようでした。「これは苦しい展開になるかも……」と思いましたが、やがてジュンク堂の存在理由である専門書の売り上げにはほとんど影響がないことがわかり、三宮に人材を集中的に投入する局地戦はとらず、トータルな対応をしていくことになりました。

とはいえ、ジュンク堂としても何も手を打たないというわけにもいかず、まず、入口が狭くてわかりづらい、という欠点の解決に着手しました。なんとかして地下に書店があることをわかってもらうために、センター街に面している一階の店を借りて、地下へお客さまの流れをつくろうとしたのです。

ところが、これは計画どおりにはいきませんでした。店を借りる条件の詰めにも時間がかけられず、結局不利な条件で契約してしまいましたが、これは通常は時間がある限り熟考してから行動に移る工藤社長にとって、とてもまれな例だと言えます。

そんな時、遭遇したのが一九九五年一月の、あの阪神淡路大震災だったのです。震災については別に一章を設けましたのでここで重複は避けますが、なんといっても母体であるセンター街店が被災したのですから、工藤社長のショックも相当大きなものがあったはずです。

ところが社長は、この災害を第二次大戦終戦直後の状況にたとえ、チャンス到来とばかりに革ジャンを来てオートバイにまたがり、精力的な行動を開始したのです。何事にも屈せず、正義感は計り知れないほど強く、自分の信念は絶対に曲げない社長の性格が、この巨大な難局で遺憾なく発揮されました。常に社員の先頭に立って果敢な攻撃を開始したのです。

センター街店の復興オープンの数日後には、震災前から準備をしていた大分店のオープンにこぎつけました。開店した大分店の入口には、復興の疲れなど微塵も見せず、いつものあのニコニコとした笑顔の社長が、出版社をはじめとする関係者と挨拶をかわしていたのです。

ジュンク堂はさらに姫路、鹿児島と、その都市に新規店をオープンさせていきます。手のすき間から逃げ出しかけているようにも見えた強運を、見事に引き戻したのです。

■繊細さと大胆さを総動員しての全国展開

書店の様々なシステムの構築が完成すると、一九九六年に難波店、九七年池袋店と仙台店、九八年天満橋店、そして九九年には日本最大の売場面積となる一四八〇坪の大阪本店とさらに広島店、大宮店と、ジュンク堂は次々と新規店を出店して全国展開を押し進めました。いずれの店も開店初日から品揃えの充実を一〇〇%徹底し、中途半端な妥協は一切していません。

ですから、選書メンバーになっている社員や、ジャンルのつながりや全体のレイアウトを任されている新任の店長は、オープンの二～三日前に行われる工藤社長のチェックに、神経を尖らせます。自分のイメージしている店内と違っていると、たとえ前日だろうが徹夜のやり直しは当然で、なかにはすべて棚をつくりなおした店もありました。

持ち前の大胆さと繊細さを遺憾なく発揮し、とにかくオープン初日からその地域の方々に「さすがはジュンク堂！」と絶賛され、そして、その地域になくてはならない店であると認知される店づくりを徹底させているのです。

■競合店倒産直前に下した決断

阪神大震災では、競合店が出店の準備を進めていた向かいのビルもジュンク堂同様の被害を受けました。競合店が不運だったのは、ビル全体の復興と歩調を合わせなければならなかったために、営業開始が大幅に遅れてしまったことです。

結局、ジュンク堂が完全復興オープンしてかなりたってからその競合店は営業を開始したのですが、お客さまの出足は順調とは言えない状況だったようです。

逆にジュンク堂では、専門書の売り上げがわずかながらも上昇していきました。そして二〇〇

○年五月からは、競合店に食われていたと思われる文庫や実用書までもが、軒並み対前年比を上回っていきました。

競合店の実際の状況はわかりませんでしたが、出版社の方や周辺の商店街の方から、いろいろな噂が耳に入るようになってきました。伸び続ける自分の店の数字を見ても、向かいの競合店はよくないだろうと思ってはいたのですが、九九年の年の瀬も押し詰まった十二月、それまでまったく面識のなかった競合店の店長から、ご挨拶もかねてお話ししたいことがあるので会っていただけないか、という電話が入りました。

喫茶店でお会いしてうかがった話の内容は「十二月中旬から閉店時間を一時間延長して午後九時まで営業したいので、了承してほしい」というもので、私は「どうぞ」と答え、また「お互いにがんばりましょう」とエールを送りました。

私からどんな様子かなどとはもちろん訊くこともできず、業界の話と世間話などをして席を立とうとしたところ、「来春に増床されるとうかがったんですが、本当ですか」と、遠慮気味に質問がありました。

事実、翌年の三月中旬から、地下売場を明け渡して、二、三、四階へと引っ越すことを計画していましたので、その旨をお知らせすると、店長は力のない声で「やはりそうですか……」と答えられ、私たちは喫茶店で別れたのです。

丁度そのころ、十二月はお客さまが大変多いので、来春三月のことでまだ先とはいえ増床を宣伝しておいたほうがいいだろうということになり、地下の正面のショーウインドウに移転と大増床の大きなディスプレイを掲げました。

その告知をして一か月後のことでした。競合店の倒産という衝撃的なニュースが取次からもたらされたのは。

ここでまた、工藤社長に運が大きく傾きました。

競合店がオープンした時にはマスコミが「三宮の書店戦争」と書き立てました。そんな意識はお客さまにも残っていたはずです。ですからもし、告知を遅らせていて、競合店倒産後に告知をしたりすれば、日本人特有の判官びいきの感情で、競合店への同情とジュンク堂への反感が高まったかもしれません。

「ジュンク堂が潰した」――ジュンク堂の企業イメージは大きなマイナスをこうむったことでしょう。

いつも熟考の末に決断する工藤社長が、その時、すべてを読み切っていたかどうかは私にはわかりません。しかし、時に見せる瞬発力と行動力は目を見張るものがあります。この時も、その好例だったのかもしれません。

■分け隔てなく礼を尽くし、フランクに

工藤社長は大学で法律を学んでいましたので、法律面でもずいぶん助けてもらったことがありました。また、逆に自分が納得できないことに関しては「そんなことは、法律で定められていない」と、相手が誰であれ持ち前の正義感でもって議論し、納得しない限り首を縦に振りません。三十代までは怒るとわりとすぐ言葉付きや顔に出ましたが、四十代も後半になるとそうしたこともなくなり、風格すら漂うようになってきました。工藤社長のパワーの源である、人を引きつける魅力がさらに増してきたのです。

カリスマ的という言葉を辞書では「神から授けられた、超人間的、非日常的な資質、能力」と書いています。

父親の淳社長がセールスマン三千人を擁していた時代、全国拠点長会議での冒頭挨拶で演壇に立つ姿はまさにカリスマ、いや、教祖のようで、独特の雰囲気と熱気が場内に満ちあふれたものです。ただし、いわゆる「カリスマ」という言葉で思い浮かべる人物像とは大きく異なり、決して壇上で大声で演説をぶったり檄を飛ばしたりはせず、ぼくとつとしゃべるだけで壇上には三分もいませんでしたが、それでも会場に集まった面々は「この人に付いていこう」という気持ちを抱いてしまうのです。

当時、全国の新幹線の駅のそばには「丸井」と同様に必ずブックローンの支社、支店があり、

そこでは毎朝「鬼の十訓」を掲げてセールスマン全員でそれを唱和していましたが、その光景からはおよそ淳社長の人となりを想像できません。

一方、ジュンク堂の社長は、先に書いたように会議も含めた社内行事はごく少ないので、今では開店間もない頃のメンバーが社長の魅力を知っている程度でしょう。しかし、出版社や業界関係者、そして商店街関係者の間では、絶大な人気があり、ある出版社の役員の方などは工藤社長を「全国の書店の顔」とまで言い切るくらいです。

誰が訪ねてきても気さくに会い、どんな方にも礼を尽くし、たとえ初対面でもざっくばらんに話しをします。とかく保守的で秘密主義がはびこるこの業界にあって、まれな人柄と言っていいでしょう。それこそ社員ですら聞いていない出店計画さえも外部の人間に話してしまうので、社員が出版社の方から自社の出店計画を初めて聞くこともしばしばでした。

出店計画といえば業界では超極秘扱いで、出版社の営業担当者にしてみれば、そんな〝ウルトラC〟クラスの話をなんのためらいもなく平然と話されて、「えっ！　私のような者がうかがってもいいお話なんでしょうか？」と、内心、絶句することも度々だったそうです。

商店街の会合では、常に商店街全体の利益と活性化を第一に考えて発言しますので、自分の利益に固執する店主とは対立もします。会議が終わっても、相手が商店街の重鎮であろうが誰だろうが、おかまいなしに矛盾点を突いて向かっていきますので、それまで長老を中心とする保守的な一派に何も言えなかった若手にとってはまさに救世主で、その人気は大変なものとなっています。

お父さんは先にも書いたようにとても控えめで、しかしカリスマ性があるという不思議な魅力をもった方で、ジュンク堂の社長も当初は社員を前面に出し、自分は後方に控えていましたが、ジュンク堂が全国展開を始めた阪神大震災以降はそういうわけにもいかなくなってきたようです。

ジュンク堂の躍進ぶりを紹介しようと、テレビや新聞、雑誌の取材や講演会の依頼が殺到して、それを断りきれなくなったことと、自分が宣伝塔の役目をすることがジュンク堂の発展にも役立つと判断し、前面に立つ機会が多くなりましたが、私としてはこれは少し残念に思うことでもあります。これは、お父さんである淳社長の、控えめながらも秘められたパワーを感じさせる不思議なカリスマ性に、私が今でも憧れをもっているからでしょう。

■信念をもって信義を貫く

ジュンク堂の社長のもうひとつの魅力は、なんといっても信義に厚いことです。

会社がお世話になった相手にはいつまでも礼を尽くし、声をかけられればどこへでも出掛けていって相手のために尽力します。取引先でも、一度信頼関係ができれば、相手がそれを裏切らない限り、とことん取り引きを継続します。取次の大阪屋との関係は、その代表的なものでしょう。

一号店の三宮センター街店がオープンする準備段階ではジュンク堂はトーハン帖合の予定になっていたのですが、周辺書店の反対でトーハンが取り引きを断念してジュンク堂は大阪屋帖合となりました。その後もジュンク堂のトーハン帳合の店はわずか四店舗にとどまっており、なかなか帖合店が増えません。取り引き条件が合わないことがその最大の要因でしょうが、双方の信頼関係がいまひとつ築けないことも原因のひとつでしょう。トーハンの支店はとてもよくやっているのですが、現場の状況が理解できないのか理解しようとしないのか、何につけ本社からの回答が非常に遅く、そのせいで支店長が書店との板挟みになっていつも困っている、というのが実情です。

日販は、三宮センター街店の向かいに競合する大型店が出店した際、その競合店が日販帖合であるにもかかわらず、取次としてジュンク堂に挨拶には来られませんでした。オープンしてしばらくたってから、ある帖合書店に促されてようやく重い腰を上げて見えられましたが、すぐに挨拶されるのが商売のお付き合いというものではないかと考えます。ジュンク堂グループのキクヤでは日販帖合の店もあるのですから。

ジュンク堂が新規の店を開店させる際には、工藤社長は必ず事前に周辺の書店に自ら足を運んで挨拶をしてまわり、礼を尽くします。別に挨拶をする、しないでどうといったことでもないのかもしれませんが、礼を尽くすべきだと信じ、その信念に従って行動します。

大阪屋以外の取次を同一店で扱う場合は、その取次と取り引きしなければならない理由を、きちんと大阪屋に説明し、了解を得た上で取り引きを開始します。その理由のほとんどは「専門取次のほうが専門書の納品日数が早い」というものですから、大阪屋も納得します。

淳社長同様、ジュンク堂の工藤社長も取次への支払はすべて現金で支払います。そのかわりといってはなんですが、言いたいことははっきり言い、正当だと判断する要求ははっきり要求します。新規出店の際の業者との取り引き同様、裏のない取り引きがお互いの信頼関係をより一層深めるということを信じているからです。

もちろん、寄せていた信頼が一度でも裏切られると、工藤社長は容赦なく相手を切り捨てます。

■「下から上へ」の会社でなければ伸びない

工藤社長の血液型はＡＢ型です。工藤社長が二十八歳の頃から現在に至るまで、私は三宮センター街店開店以来、永く一緒に仕事をしていましたので、社長がひと言ふた言つぶやくだけで、あるいは何も話さずとも雰囲気だけでも何を考えているのかわかります。Ａ型が出ているな」あるいは「今はＢ型だな」といった感じですが、工藤社長の基本的な性格は大胆不敵で、若い頃は結構短気な面もありました。

しかし同時に非常に繊細な面も併せ持っていて、永く一緒にいた私ですら、一体どういう人なんだろう、とわからなくことがあるくらい、不思議な人でもあります。

ジュンク堂はちょっと変わった人が多い、とはよく言われることですが、実は、その筆頭が工藤社長なのかもしれません。

体育会系ではないのに、年配の方にはわけへだてなく礼を尽くしますし、偉そうな振る舞いは決してせず、常に物腰低く、相手の方と相対します。出版社や大学から会社に送られてくる記念品等には礼状を書くことを欠かしません。

一方社内では、自分自身の個人的な嗜好は一切出しませんが、社にとってプラスになることには配慮を惜しまず、逆にマイナスになることには非情とも言える措置を採ります。経営者としては当然のことでしょう。

工藤社長の「人間の操縦法」は、やわらかさと強さを併せ持ったものと言っていいでしょう。社長自身が直接社員を注意したり叱ったりすることはまれで、大抵は第三者を通じて行います。直接社長から注意してしまうと、本人に必要以上のダメージを与えてしまうという配慮もありますが、それよりも、もし相手が反論でもしようものなら、自分が言葉で叩きのめしてしまうことを恐れているからです。

開店当初、現在部長クラスとなっているメンバーと工藤社長は、週に一回は休憩室のソファで夜の六時頃からミーティングをしました。

今にして思えば、それはミーティングというより「喧嘩の会」と言うほうが相応しいものでした。もちろんすべて仕事上の問題についての議論ですが、そんな場でメンバーの突き上げを受けて立つ役職者は、販売課長という立場の私ひとり。これは工藤社長の演出で、下から上への突き上げがない会社は伸びないと、常々言っており、「マンネリ」、「平穏無事」を嫌う工藤社長は、そうした兆候をいちはやく見つけ出し、それをミーティングにかけ、時には喧嘩さえしかけて、問題の解決を計るのです。

現在はジュンク堂も全国展開していて、かつてのようにメンバーが一同に会することは困難となっています。工藤社長の最も嫌う「よどみ」が、うまく解決されているのか、OBとしてはちょっと気になるところでもあります。

■「人の差」をどう埋めていくか

書店業界の王者は、なんといっても紀伊国屋書店です。紀伊国屋書店の何がすごいかというと、なによりもパワーにあふれた人材が豊富で底力があるということです。

ジュンク堂は、最近ではブランドとして認知されてきました。売り上げ額では紀伊国屋書店にまだまだ及びませんが、棚担当では紀伊國屋書店に負けてはいません。紀伊国屋書店との大きな差を詰めるには、スタッフの人材の差をどうやって埋めていくかにかかっているでしょう。

ジュンク堂書店は、これまで社長ひとりが常に先頭に立って、すべてにわたって目を行き届かせてここまでになりました。スリム化したフラットな組織で社長の意思がストレートに現場に伝わってきました。

しかしこれだけ規模が大きくなると、今後は目が届かなかったり、意思がスムーズに伝わらなくなったりすることも出てくる可能性があります。

もう一度言います。優秀なスタッフを多数抱える王者・紀伊国屋書店との人材の差をどう埋めていくか、それがジュンク堂の未来を握っていると思います。

■著者紹介

渡辺　満（わたなべ・みつる）

1966年、関西ブックローン株式会社（現ブックローン）入社。1976年、㈱ジュンク堂書店へ転籍し、ジュンク堂書店立ち上げに参画して、三宮店店長、統括本部長、総務部長を歴任。ジュンク堂の躍進を支えた。2001年7月、同社を定年退職。

なぜ人はジュンク堂書店に集まるのか

——変わった本屋の元大番頭 かく語りき——

発行日——2002年7月10日

著　者——渡辺 満

発行者——横井秀明

発行所——㈱自由国民社

東京都中央区銀座4－10－6　〒104-0061

販売／TEL:03-3543-5541　FAX:03-3543-5551

編集／TEL:03-3543-5546　FAX:03-3543-5553

http://www.jiyu.co.jp/

振　　替——00100-6-189009

写真植字——㈱CAC

印　　刷——横山印刷株式会社

製　　本——新風製本株式会社

◉定価はカバーに表示。乱丁・落丁本はお取りかえいたします。